English in the Classroom
for Elementary School Children

こうすれば教えられる小学生の英語

考え方から研修、指導案まで

玉川大学教授　佐藤久美子＝著

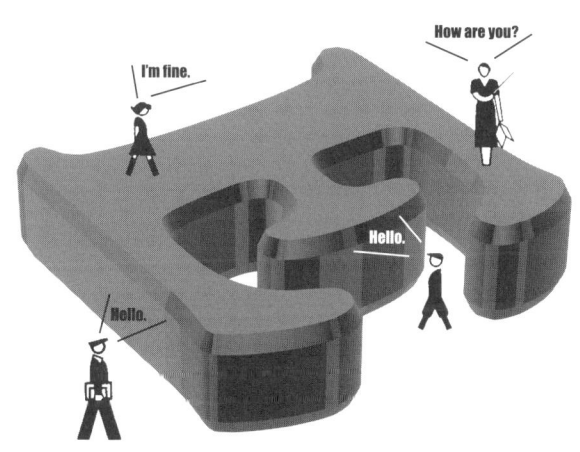

朝日出版社

 はじめに

3日間で英語が話せるようになる小学生

A Do you like sushi?
B Yes, I do. How about you?
A Me, too. / No, I don't. I like steak.

　こんな会話が、3日間、正確には1日45分×3回の授業、合計約2時間半でできるようになるのが小学生なのです。まさか！　と思われる方もいらっしゃると思いますが、筆者は実際にこれを経験しました。2008年8月、北海道函館市の八幡小学校で、筆者が引率した大学生約70名が、1年生から6年生まで合計17クラスを公開講座の形で3日間同時に指導しました。もちろん、カリキュラムと指導方法については私たち教員と学生が議論を重ね、教授法も事前に3か月間トレーニングをした上で、熱心に教えました。

　この小学校では英語活動は初めてでしたが、公開講座の3日目には、低学年・中学年・高学年がそれぞれ「あいさつをしよう、色と動物の名前を覚えよう」（低学年）、「あいさつをしよう、食べ物の名前を覚えよう」（中学年）、「自己紹介をしよう（自分の名前、好きな色、好きなスポーツ）」（高学年）という目標を達成することができました。低学年はさらに、*Brown*

Bear, Brown Bear, What Do You See?（Eric Carl著）の絵本を児童のみで元気に声を出して読むことができるようになり、中学年は本に出てくる動物の役を演じることができ、かつ、Do you like 〜？を使い好きな食べ物をインタビューできるようになりました。高学年は、What color do you like? や What sport do you like? を使って、好きな色、好きなスポーツを互いにインタビューしたり、自己紹介ができるようになりました。全学年を通してHello Song、What's Your Name?、Rainbow Song、Good-bye Songの合計4曲を覚えました。

函館八幡小学校にて公開講座

　さらに、2009年8月にも同小学校で1年ぶりに教えましたが、今回は5、6年生には『英語ノート』の活動を加えました。5年では、3日目に5人でグループを作り、月曜日から金曜日までのそれぞれの「夢の時間割」（『英語ノート1』p.55参照）を発表しました。また6年生では、友達と道案内をし合う、という活動までも達成することができたのです。

はじめに

小学校英語の成功のカギ

　この公開講座が成功した要因としては、第1に校長先生が積極的に現場の担任に働きかけてくださったこと、第2に担任の先生方が一致団結して「英語をやってみよう!」という姿勢を示してくださったこと、第3に中心になって教えた学生が熱心かつ積極的だったことが挙げられます。また、低・中・高それぞれの学年に適切なカリキュラムを準備し、教授法が適切であったことも大きな要因です。つまり、小学校英語を成功させるには、こうした条件を揃えることが大切なのです。

　現在、すでに英語が順調に導入されている小学校を見ると、校長先生をリーダーとして、担任の先生方が前向きに取り組んでいます。また、地域の行政(教育委員会)がこれをサポートし、かつ、カリキュラムの開発、提供が可能な大学や地域人材などの英語教育専門家、学生の協力が得られれば、初めて英語活動を導入した小学校でも2年間で地域のモデル校になれるでしょう。もともと、小学校の先生方には「教員力」がありますので、生徒たちの反応を見ながら独自のカリキュラムを作ることも夢ではありません。筆者がかかわった東京都町田市の小学校2校も、2年目にして先生方が児童に合わせたカリキュラムを作り、児童も生き生きと英語活動に取り組んでいます。[*1]

　行政(教育委員会)には、外国語の指導にあたるネイティ

＊1　筆者は、町田市教育委員会が主催した「小中一貫町田っ子英語カリキュラム作成委員会」の委員長を平成18年、19年と2年間務め、その間に町田市の全小学校40校が共通して使う年間カリキュラム、指導案を作成しました。町田市では平成20年4月より全国に先駆けて、小学校3年生より英語活動の必修化を開始しています。

ブ・スピーカーであるALT（＝Assistant Language Teacher「外国語指導助手」）や日本人の英語教師であるJTE（＝Japanese Teacher of English）の予算を確保し、各小学校に派遣していただきます。また、各市町村共通のカリキュラムを施行するための教材・補助教材を配布するなどの基本的な支援策、さらに、英語活動が順調にスタートしたのちも、並行して現場の声を定期的にリサーチする業務が必要となります。「よい教師」と「よい教材」と「よいカリキュラム」がぜひとも必要です。指導者に関しては、基本的には学級担任が指導的役割を担っていきますが、「担任とALT」や「担任とJTE」で行う共同授業であるTT（＝Team Teaching）を行えば、効果的な英語活動が可能であり、学級担任の負担も軽くて済みます。特に導入時には、この指導スタイルをお勧めします。小学校の英語活動の大きな目標は、「コミュニケーション能力の素地を養う」（新学習指導要領より。小学校については一部強化校を除き平成23年度より実施）ということですが、そもそも英語の「コミュニケーション（communication）」の語源であるラテン語のcommunisには「共同・共生の」という意味があり、決して一方通行のやり取りを表しているのではないのです。コミュニケーションのモデルを、ぜひ学級担任がALTやJTEと組んで児童に見せて欲しいものです。

小学校で英語を始める意義

　平成23年度から、いよいよ正式に英語が小学校5・6年生に導入されます。とても不安に思っている学級担任の先生方も多

いことと思います。うまくいくわけがないとあきらめたり、懐疑的になられている先生方や保護者の方もいらっしゃるでしょう。しかし、考えてみると、母語である日本語と外国語である英語には「言葉」としての共通点もたくさんあります。子どもが母語を自然に学ぶ過程を観察し、この知見を応用すれば、スムーズに英語活動を導入するヒントも見つかりそうです。

　たとえば小学校に上がる前に、母親などが子どもに本を読んであげる、といった行為はごく自然に行われています。その中で、子どもは質問をしたり、繰り返し聞いたりしながら、単語を覚え、発音を覚え、日本語の音のシステムや文字の仕組みさえも自然に覚えていくのです。だからこそ、小学１年生の学級担任は学習をスムーズに行っていけるのです。１年生が当初、教科書をうまく読めなくても、そこに書かれている言葉（単語）はすでに聞いたことがあり、意味も分かります。保護者との会話や絵本読みなどを通して、話し言葉（口語）として理解しているからです。そこで、知っている単語の読み方・書き方を集中して学ぶことができます。

　これに比べ、中学校に入学し、初めて英語を学んだときのことを思い出してみましょう。単語の発音だけでも難しいのに、スペルも覚えなければならず、さらに聞く・話す・読む・書くという４つのスキルの学習が同時に始まります。これでは苦労するわけです。入学当初、英語に興味を持っていた生徒も、夏休み後に本格的に書くことが始まると、英語が分からない、きらい、という生徒が増えてくるそうです。つまり、読み方や書き方は知らなくても、耳から聞いて単語の発音や意味を知っている、という学習の準備段階がないからです。

そこで、小学校で多くの単語に耳で触れて意味を知っていれば、中学校では読み、書くことに集中することができるはずです。ここに、小学校で英語を始める大きな利点と魅力があると思います。準備期間―橋渡し・ブリッジ期間―と呼べる時期です。**小学校の担任の先生方は、言ってみれば、就学前の子どもたちの保護者の役割を演じればよいのです。**教え込む必要はなく、楽しみながら会話をし、本を読み聞かせる機会を多く与えれば、子どもは自然に英語の音に触れ、単語を獲得し、意味を理解します。この準備期間を経てから、中学校の英語教育に進ませてあげたいものです。生徒も、言語負担が軽減されると思います。

家庭でもできる小学校英語

　準備期間であるならば、小学校英語の学習は家庭でも児童を対象に始めることができます。保護者も英語に興味があれば、お子さんと一緒に本を読んでみましょう。英語の歌を歌ってみましょう。学級担任も保護者も、楽しんで英語活動に取り組んでいただきたいと思います。理解し発信できる単語や言い方がひとつ増えるごとに、世界も広がります。気楽に始めてはいかがでしょうか。

　本書では、英語活動への不安をなくすために、まずは、①小学校英語活動の現状を紹介し、そのスムーズな導入の仕方を解説します。だれが、どのように教えるか、カリキュラムの立て方や教材の選び方もご紹介します。

　次に、②子どもが自然に母語を覚える過程を紹介しながら、

ここから得られる言葉の学び方、教え方のヒントをご紹介します。ご家庭でも、教室でも役立つはずです。

さらに、③先生方や保護者の皆様の疑問や質問にお答えしたいと思います。「私は英語の発音がよくないのに、英語を教えてもいいの?」「豊かな感性を育むためにも英語の絵本や物語を読ませたいのですが…?」「会話は苦手。ALTに任せた方がいいのでは?」などなど、皆さんが日常思っている疑問や不安にお答えしたいと思います。そして最後に、④これから期待される教材案や教え方のアイディアをご紹介しましょう。

皆さんが少しでも不安な気持ちを持たずに、楽しんで子どもたちと英語に取り組んでいただければと思います。この本を読み終わったら、まずは、英語の本やアメリカの子どもが使っている教材を読んでみませんか。会話に必要な基本的な表現や文章構成がよく分かり、私たち教員にとっても保護者にとってもいい勉強になります。学級担任も、子どもたちと一緒に英語を一歩から学習していく姿勢を持てばよいのです。この本は、そのような意図を持って書かれました。

          2010年5月
          佐藤　久美子

目次 ◆◆◆◆

はじめに ……………………………………………………… 3

3日間で英語が話せるようになる小学生 ………………… 3
小学校英語の成功のカギ …………………………………… 5
小学校で英語を始める意義 ………………………………… 6
家庭でもできる小学校英語 ………………………………… 8

1章　小学校英語、いま ……………………………… 13

担任・ALT・JTEの連携が生む元気な英語活動 ………… 15

Q1 大人でもそんなに英語を使う機会がないのに、英語を小学生から学ぶ必要があるの？ ………… 22

どんな英語の内容が、教えられているの？ ……………… 23

Q2 文法は教えないの？ ………………………………… 32

英語活動で子どもたちはこう変わった！ ………………… 34

2章　小学校英語、だれが何をどのように？ ……… 37

どのような英語を教えるの？ ……………………………… 39
だれが、どのような方法で教える？ ……………………… 44
担任・ALT・JTEの役割は？ ……………………………… 47
何年生から教える？ ………………………………………… 51
小学校で英語活動をした生徒の声 ………………………… 55
現場の先生方の声 …………………………………………… 59

（1）小中一貫教育英語担当者の声 ………………………… 61
（2）英語活動を始めて1～2年目の担任の声 …………… 68
（3）英語活動を始めて3年以上の担任の声 …………… 76
（4）現場の日本人英語補助指導員（JTE）の声 ……… 87

教室英語、まずこれだけ覚えましょう ……………………… 92

3章　子どもはこうして言葉を獲得する……95

母語の場合、獲得する単語の数は？……97
生まれてまもなく、お母さんの声を聞き分けられる？……97
音の違いは意味の違い……99

　　小学校英語・児童英語へのヒント1
　　　― 歌の効果……100

文から単語を切り出すには、アクセントがヒント……100

　　小学校英語・児童英語へのヒント2
　　　― 英単語は、しっかりとアクセントをつけて発音……101

1語発話期から2語発話期を経て話す力がついてくる……101

　　小学校英語・児童英語へのヒント3
　　　― 完ぺきな英語をめざさない……103

語の反復力と単語量（語彙サイズ）……103

　　小学校英語・児童英語へのヒント4
　　　― 語彙力を伸ばすには反復が効果的……106

英語母語の子どもに見られる文の発達過程……106

　　小学校英語・児童英語へのヒント5
　　　― 子どもが気がつく英語のルールを大切に……110

家庭でもできる英語活動……110

　　その1　親の気持ちを安定させる歌を活用……110
　　その2　テレビ・DVDは、必ず親子で一緒に……111
　　その3　絵本の読み聞かせの効果……112

　小学校英語で活用できる絵本……114

4章　小学校英語、これから ……… 119

だれが、教えるの？ ……… 122
- 🏫 **コラム1**: JTEとして大学生を活用 ……… 125
- 🏫 **コラム2**: JTEになる大学生の養成のための活動 ……… 126
- 🏫 **コラム3**: 地域の教育委員会との連携 ……… 126
- 🏫 **コラム4**: JTEとしての民間人の研修・派遣 ……… 127

教材は何を使うの？ ……… 127

『英語ノート』と既存の教材を、どのように使いこなすか？ … 136

> 独自のカリキュラム・教材を使用している小学校に
>   お勧めする方法 ……… 136
> 新規に英語活動を始める小学校にお勧めする方法 ……… 144

『英語ノート』が配布されなくなったら？ ……… 165

研修は役に立つ ……… 166

最後に ……… 167

あとがき ……… 169

本気度が増してきた小学校の現場 ……… 169

ひと山超えて出てくる不安や問題点 ……… 170

最後に ……… 171

参考文献 ……… 173

1章
小学校英語、いま

✿ 担任・ALT・JTEの連携が生む元気な英語活動

　まずは町田市立南大谷小学校の活動例をご紹介しましょう。この学校では平成16年度に英語活動を開始しましたが、当初はALT任せ。その後ALTの授業回数が予算の関係で減ることになり、平成18年度から筆者が当校の英語活動にかかわることになりました。

　まずは英語コミュニケーション専攻のゼミの大学生をJTE（＝Japanese Teacher of English）として派遣し、4〜6年生は年間25時間、1〜3年生は年間10時間程度の時間数で英語活動が始まりました。1年目は、担任は手助けをする程度で、学生ボランティアの2人のJTEがALTと適宜交代して入りました。

　カリキュラムは「歌とチャンツ」「今日の会話表現」「ゲーム」「絵本の読み聞かせ」を柱に、1年目は3〜6年生がすべて類似したカリキュラムで活動を始めました（表1参照）。厳密には、3、4年（中学年）用（表2参照）と5、6年（高学年）用カリキュラムの2種類ですが、歌う歌が異なる、コミュニケーションに使う単語の種類が少し多い程度の違いがあるだけで、ほとんど同じ指導内容です。1、2年（低学年）用についても同様に、3、4年用の内容を子どものレベルに応じて、量を減らしたものです。授業も毎回同じパターンの流れで進むので、担任もすぐに教え方や生徒に指示を与えるための教室英語（Classroom English）の使い方に慣れてきます。ある教員は「骨太指導案」と呼んでいましたが、毎回同じやりかたで進める授業は、子どもにも教員にも安心感を与えます。知的レベル

に関して言えば6年生は確かに高いのですが、英語については3年生と同様に初心者です。いきなり難しい活動を行うよりも、「英語って案外簡単！　歌やゲームって楽しいね」と思わせるのがコツです。

　それでも、当初は英語活動に対して担任には抵抗感がかなりあったようです。皆さんが、「はじめはとても不安でした」と語り、中には「そもそも英語が好きじゃないので、小学校の教師になったのです」と冗談気味におっしゃる先生もいました。「発音に自信がない」、「教室英語もうまく使えない」と話しておられましたが、「まずはCDをかければいいので、先生方は発音を気にする必要はありません。モデルはCDです」、「完ぺきに話せなくても、先生が英語をがんばっている姿を見せれば、子どもたちもがんばろうという気になります」と励まし続けたところ、なんと1年後の19年度には、町田市小中一貫教育英語活動のモデル校に名乗りでて、研究を進めるようになりました。英語はどうも苦手だと初期のころには話していらした若い松延先生が英語主任となり、学級担任の先生方を引っ張ってくださいました。筆者がかかわって2年経過した20年度からは、こちらが当初提供した年間指導計画をもとに、担任がアレンジして、子どもたちに合うカリキュラムや指導案を作るまでに発展しました。子どもたちは本当に元気に英語活動に取り組み、生き生きと授業に参加しています。英語研修会や校内研究会、全クラス公開授業などの活動も取り入れ、多くの小学校の先生方も見学にみえるようになりました。3年目にして、他の小学校から「南大谷小学校のようにうまくはとても教えられない」と、うらやむ先生方も出るほどになりました。

1章　小学校英語、いま

南大谷小学校にて〔担任山本先生＋JTEの玉川大学生〕：
p.25で紹介するFive Little Monkeysのチャンツを、
お面をつけて演じている風景

南大谷小学校にて：Five Little Monkeysの
絵本の読み聞かせを行っている風景

モデル校に名乗り出た平成19年度には、年間14回の研究会を開催しています。第1回目の4月12日の研究会では、「モデル校として目指していくこと」として、

①担任でも英語教育ができるんだという自信・指導力をつけていく ⇒ ALTやJTEに頼らず授業を行える力をつける

②担任・ALT・JTEの連携、共通理解、共通実践ができる授業作り ⇒ 共通の「年間指導計画」「指導案」を基本に授業を行う

③教材・教具・カリキュラムの開発や授業の改善、展開の工夫を研究して実践していく

という、具体的な目標を立てています。さらに、研究主題、目指す児童像、ブロックごと（低学年・中学年・高学年・特別支援学級）のテーマを立て、市内研究発表会、校内研究授業、英語研修会もそれぞれ年2～3回行うことを計画しています。

　こうした努力が実り、平成19年7月には、教育委員会主催「授業力・教育課題研修会」にて、小山田南小学校と共に、授業風景のビデオを紹介しながら現状報告をし、問題点を指摘し、町田市のカリキュラム作成に大きな貢献をしました。

　さらに平成20年度は「小中連携・学力向上」の柱を立て、山本先生が英語部会をリードしました。英語授業における小中の違いについて、「子どもたちはALTに英語で質問され、英語で答えていた。担任の応用力も必要になっている」と語り、同年11月には英語活動の研究授業を公開しました。

表1. 1年目の展開例 児童の活動と指導上の留意点（3～6年生ほぼ同じ）

学習過程	時	児童の活動	指導上の留意点
1. 初めの 　　あいさつ ♪ Hello Song	5分	○元気に英語であいさつ。 ○ジェスチャーをつけて歌ってもよい。 ○クラス全員、グループ、ペアでと、3回繰り返す。	●毎回同じ歌を歌い、英語の時間を実感させる。 ●おじぎをせず、上を向き笑顔で目線を合わせて行う。
2. 歌と 　　チャンツ	10分	○元気よく歌う。 ○ジェスチャーがある時には、これをつけて歌う。	●リズムに合わせることが大切。歌詞の正確さを最初から追求しない。 ●高学年は歌い慣れたら歌詞を紙に書いて見せてもよい。
3. コミュニケーション ゲーム	15分	○ジェスチャーもつけて、元気に基本表現を練習。 ○全体、グループ、ペアで繰り返し練習。 ○ゲームがあるときには積極的に参加。 ○やりたい子供からペアで発表。	●恥ずかしがらずに、ジェスチャーをつける。 ●発表希望者の指名は担任が行う。 ●子供をほめる。 ●日常生活でも、習った会話文を使うように。 ●インタビュー・ゲーム等、表現を楽しみながら身につける。

		児童の活動	担任の活動
4. 絵本の 　読み聞かせ	10分	○絵本を静かに見て、聞く。 ○だんだんに内容を分かろうとする。 ○動作をしたり声を出したりする場合は、積極的に参加する。	●絵本が小さいときには、前の方に集める。 ●絵本読みは静かに聞くことが基本であることを、分からせる。 ●訳すのではなく、よく絵を見る、よく聞くことで、意味を推測するようにさせる。
5. おわりのあいさつ/振り返り活動 ♪ Good-bye Song	5分	○さよならの歌を歌う。 ○振り返りカードをつける。 ○ALTに質問をする。	●最後まできちんとさせる。 ●今日学んだことや質問を記録させる。 ●ALTに質問をして、自発性を促す。

表2. 1年目の英語活動指導案　例　（3、4年用）

本時のねらい　Do you like ～?を使って友達に好きな食べ物を聞こう！

学習過程	児童の活動	担任の活動	ALTの活動
1. あいさつ （5分） ♪ Hello Song	Hello, Mr./Ms. ～. Pretty good.	児童とあいさつ Hello, class. How are you? I'm fine, too, thank you. Let's start our English class.	Hello, class. How are you doing? Listen to the CD. Let's sing a song!

2. 歌とチャンツ （10分） ♪ Food Chants	手拍子でリズムを取りながら練習。 rice, curry, pizza, cake, chocolate, ice cream	Let's listen to the CD. その後見本を見せる。 ライスじゃなくて? カレーじゃなくて? Let's practice.	Let's sing 'Food Chants.' Clap your hands! Rice! Curry! Very good!
3. コミュニケーション/インタビュー・ゲーム （15分）	Yes! Yes, I do. No, I don't. Do you like cake?	黒板の絵を指して Do you like curry? Do you like pizza? 数回練習し慣れてきたら、ALTや友達にインタビューさせる。	Yes, I do! (体で大きな○) No, I don't! (体で大きな×を作るか、いやな顔をしながら両手を振る) Good job! Yes, I do.
4. 絵本の読み聞かせ （10分）	Brown Bear, Brown Bear, What Do You See? の部分を声に出して言う。	It's story time! Please listen carefully. Let's read it!	Today, we are going to read *Brown Bear, Brown Bear, What Do You See?*
5. おわりのあいさつ/振り返り活動 （5分）	振り返りカードに記入。 ♪Good-bye Song	質問やフィードバックをする。歌を歌う。	Good-bye. See you again.

 **大人でもそんなに英語を使う機会がないのに、英語を小学生から学ぶ必要があるの？**

　南大谷小学校の金子校長先生は、「大学生のお兄さんお姉さんが来てくれて英語活動に入ってくれることで、クラスが活気づくし、子どもたちもとても喜ぶ」といつも話してくださいます。子どもは、大学生に限らず、小学校にお客様がくるととても張り切ります。いつもと違う方と話すのは、楽しいのでしょう。留学生などを連れていくと、本当に興奮します！　必死に知っている単語や表現を使って、英語で質問しようとします。高学年になるほど、積極的な姿が見られます。こういった姿を見ると、ぜひ小学生から、しかも5年生というよりもせめて3年生、できれば2年生あたりから英語を導入したいものだと思います。人とコミュニケーションをする楽しさに、英語を導入することであらためて気がつくのです。

　不思議なもので、どの小学校でも英語活動が導入され、活発に始動し始めると、子どもたちが積極的になります。先生方も明るくなります。コミュニケーションの授業は、しかめっ面をしていては、成り立たないからです。南大谷小のある先生が、「初めて"Stand up!"と子どもに言ったときは、だれも立ってくれなかった」と話しています。「子どもたちのタイミングをつかむまで苦労しましたね。私自身が、英語で話すこと・聞くこと中心の英語の授業を受けた経験がなく、戸惑いもあり、緊張しすぎて顔がこわばっていたようです。担任の気持ちが表情や目線にも表れるので、

子どもに対してはやわらかく豊かな表情を心がけるようにしています」

　また、子どものときに味わった経験は、大人になってからも大いに役立つものです。子どものときによく食べた食べ物は、大人になっても好きなものです。子どもの頃に大好きだった本や場所、遊びは、大人になっても懐かしく、親しみやすいものです。そうした意味でも、子どもの頃に母語とは異なる外国語に触れて親しむ機会が持てれば、大人になって外国語を学ぶときにも、異文化に触れるときにも、自然に取り組めることと思います。

　さらに、3章では幼児の母語の獲得のプロセスをご紹介しますが、明らかに小さい頃は耳がよく、小学生、特に低中学年の子どもたちは丸暗記が得意です。英語の歌や絵本などは、すぐに覚えてしまいます。しかも、モデルのCDのネイティブの発音を真似するのが得意です。間違えることを恐れたり、恥ずかしからない年代なので、高学年よりも新しいことに挑戦するには適切な年齢だと思います。

✿ どんな英語の内容が、教えられているの？

　表2で、「1年目の英語活動指導案」の例をお見せしました。そこで、これに沿って具体的な英語活動の内容をご紹介しましょう。以下の内容は、初めて英語活動を行う3年生から6年生まで、どの学年でも使える内容です。

1. 初めのあいさつ

担任が、"Hello, class. How are you?" と子どもたちにあいさつすると、子どもたちも "Pretty good." と返します。続いて、ALTやボランティアの学生などもあいさつします。初めてクラスに入るときは、"I'm from Canada. I like soccer." などと自己紹介します。また、毎回来ているJTEは "How are you?" だけではつまらないので、簡単に出来事や感想を述べることもあります。

> JTE：Yesterday, I saw the beautiful moon.
> 児童たち：「なんて言ったの？」
> 　「分からないよ。なんて言った？」
> 　「moonとか言わなかった？ 『月』のことじゃない？」
> 　「そういえば、昨日って、中秋の名月じゃない？」
> 　「う〜ん、そういえば昨日、月がきれいだったよね」
> 　「そうか、月がきれいだったって言ったんじゃない？」

これが小学生の推測力なのです！ こうやって、英語の意味が理解できるようになっていくのです。「日本語で訳してあげないと、小学生は分からないのです。何を言っているか分からないと、かわいそうです。日本語の説明が要りますよね？」というのが、担任からよく出る質問なのですが、実はこれが不要です。子どもの推測能力は、実に高いものです。英語を習って1年目の子どもでも、初めて読み聞かせを受けた絵本の内容を、ストーリーの最後には実にうまく理解できるのです。

2. 歌とチャンツ

　歌はメロディーがつきますが、チャンツはラップのようにメロディーが単純で、歌うというよりはリズムに乗って話す活動を指します。リズムに合わせて手拍子を取ったり、身体を動かしたりします。楽しみながら繰り返し声に出して練習するので、英語の強弱ストレスやリズムが自然に身につき、単語や文が効果的に記憶できます。特に高学年になると男の子は変声期を迎えるので、チャンツは歌よりも人気があります。たとえば、5匹のおサルが登場する、子どもたちにとても人気のこんなチャンツがあります。

♪ Five Little Monkeys ♪
（5匹のおサルがぴょんぴょんぴょん）

Five little monkeys jumping on the bed.
*One fell off and bumped his head.
*Mama called the doctor and the doctor said,
*No more monkeys jumping on the bed.
Four little monkeys jumping on the bed.
　*の部分の繰り返し
Three little monkeys jumping on the bed.
　*の部分の繰り返し
Two little monkeys jumping on the bed
　*の部分の繰り返し
One little monkey jumping on the bed.
　*の部分の繰り返し（One fell offのOneはHeに変える）

(訳) 5匹のおサルがベッドの上で、ジャンプをして遊んでいると、1匹がベッドから落ちちゃった!!
ママがお医者さんに電話をしたら、お医者さんは言いました。
「もうベッドの上でジャンプをしちゃいけないよ」

　歌もチャンツ同様に、英語活動には最適です。第1に、歌を通して単語になじむことができます。単語は言葉の獲得の第一歩です。中学校で本格的な英語教育が始まる前に耳で単語をたくさん聞いて覚えていれば、かなり楽に読み書きの学習がスタートできます。また、高学年になって英語の絵本の読み聞かせを受けていても、知っている単語があれば、これをヒントにして内容を推測できます。

　第2に、歌は五感を十分に使ったアクティビティです。手をたたきながら、ダンスを踊りながら、足踏みしながら楽しむことができます。体の部分を多く使えば、それだけ歌詞を記憶することが容易にできます。

　さらに、歌はリズムやメロディーに乗せて歌詞など言葉の情報を記憶することができるので、自然な英語が身につきます。楽しみながら何度も反復するので、記憶にも残りやすいのです。

　表2の指導案で紹介しているチャンツは、Food Chantsと呼ばれ、カタカナ英語は英語じゃないよ！ と気づかせるのにとても役立つチャンツです。

担任：カレーじゃなくて？
ALT：Curry.（uの部分、すなわち前にアクセント）
児童：Curry.

担任：ケーキじゃなくて？
ALT：Cake．（エーと音は伸ばさず[kéik]となります）
児童：Cake．

　子どもたちは、ALTの後に続いて発音します。身近なカタカナ語の本来の発音やアクセントを、ゲーム感覚で楽しく学べます。ちなみに、2拍子の手拍子を取りながら行うと、調子よくいきます。

3-1.　コミュニケーション

　小学生は耳からのみで会話表現を覚えるので、覚えるのも早いのですが、忘れるのも早いものです。そこで、歌やチャンツを導入してリズムに乗って歌うように、あるいはジェスチャーもつけながら会話表現を導入することが勧められます。松香フォニックス研究所から出版されている『英会話たいそう』という教材は、歌を歌いながら、またジェスチャーをつけて踊りながら、96の基本表現を覚えようというコンセプトで作られています。特に低学年、中学年にはお勧めです。メロディーがとてもキャッチーなので、すぐに覚えられます。

　小学校によっては、先生方がよく知っている英語の歌のメロディーに合わせて会話表現の替え歌を作ったり、チャンツの単純なリズムを使って会話を導入している場合もあります。以下は、東京の日野学園の小学校2年生で導入していた会話表現です。CDで2拍子のリズムを流し、子どもたちと一緒に歌うように繰り返し練習します。子どもたちは泳ぐ動作をしたり、歩く動作をしながら、楽しそうに会話表現が練習できます。実

は、この活動は『英語ノート2』に含まれている活動です。本来は6年用の活動でも、うまく導入すれば、2年生にも使える活動になります。

> 担任：What's this?
> 児童：(It's a) Penguin!
> 担任：Can you swim?
> 児童：Yes, I can.
> 担任：Can you walk?
> 児童：Yes, I can.

　表2に載っていたコミュニケーションの例も、同様に2拍子のリズムで練習できます。まずは、担任とALTが見本を見せます。

> 担任：Do you like curry?
> ALT：Yes, I do.（ニッコリ笑って首を振ります）
> 　　　How about you?（両手を前に出しながら）
> 担任：Me, too.（ニッコリ笑って首を振ります）

> 担任：Do you like cake?
> ALT：No, I don't.（顔をしかめて両手を胸の前で振ります）
> 　　　How about you?（両手を前に出しながら）
> 担任：I like cake.（ニッコリ笑います）

　こんなやり取りを見せると、ほとんどの子どもは、好きなと

きはYes, I do. 嫌いなときはNo, I don't.と言えばいいことが分かります。低・中学年には、ニッコリ笑ったり顔をしかめたりする代わりに、大きな円を頭の上に作ってみせたり、大きなバツ印を作ってみせたりしてもいいでしょう。「doの意味は…」と説明する必要はありません。

担任は子どもたちの理解度を確認したのち、"Any volunteers?"（だれかやってくれる人？）と呼びかけます。多くの手があがるので、担任がペアを指名します。ALTやJTEのサポートを受けながら、子どもはペアになって会話をみんなの前で発表します。クラスでいっせいに、"3, 2, 1, action!"と声をかけ、発表をスタートします。終わったら、もちろん"Very good!"と担任やALTがほめてあげます。

3-2. インタビュー・ゲーム

担任が"Next, let's play an interview game."と声をかけ、JTEやALTが会話のモデルを見せます。次に、各自がインタビュー・カードを1枚ずつ持ち、すでに練習した会話表現を使って、みんなの好きな食べ物を聞いて歩きます（『英語ノート1』pp.26-28参照）。低・中学年であればこれをカタカナで書いてもいいし、高学年であれば英語で書いてもいいでしょう。答えた人に名前をサインしてもらいます。"Stand up, please. Let's start. 3, 2, 1, action!"でゲームをスタートします。

このゲームはよく使われますが、時間がかかるので、場合によってはおもちゃのマイクを用意して、ボランティアを申し出た子どもがマイクを持ちながら教室の友達にインタビューして歩くこともできます。

この他にも、バーバル・ゲーム（言葉を使ったゲーム）はたくさんあります。簡単なものでは、スキット・ゲーム。教室の列を使って、列の1番前の人から後ろへ順にスキット会話を回していき、1番最後の人が手を挙げ、I'm finished！（終わりました!）と両手を挙げて叫びます。

> 生徒1：Do you like curry?「カレーは好きですか？」
> 生徒2：Yes, I do.「はい、好きです」
> 　　　　How about you?「あなたはどうですか？」
> 生徒1：Me, too.「私も好きです」
> 生徒2：Do you like curry?
> 生徒3：Yes, I do.　How about you?
> 生徒2：I don't like it.「私は好きではありません」
> 生徒3：Do you like curry?
> …

　どの列が早く終わるか競うので、子どもは楽しみながら繰り返しこの表現が練習できます。

4.　絵本の読み聞かせ
　絵本の読み聞かせの時間は、ALTが最も活躍できる時間で

す。担任とALTがビッグブック（big book、教室の前の方で見せるための特別に大きい本）を2人で持ち、単語のアクセントもはっきりとつけながら、声色もつけてゆっくりと読み聞かせます。たくさんの動物や人物が出てくるときは、ALTにそれぞれの声を変えて読んでもらいましょう。CDがついている本もあるので、ALTの力が借りられないときはこれを使います。むずかしい単語が出てきたら、ジェスチャーや表情、声の調子で理解させる工夫をします。低・中学年は、耳から英語のリズムを入れることができるように、繰り返し表現の多いリズミカルに読める本が入門としてお勧めです。

[読み聞かせのメリット]

　絵本の読み聞かせを導入することや、子どもたちが自分たちでストーリーを一部でも語れるようになることは、多くの長所を含んでいます。第1に、言語習得の立場から、英語特有のリズムを自然に身につけることができます。絵本は繰り返しの表現が多いので、文をまるごと覚えることができます。また、文脈の中で単語を覚え、内容も推測しながら理解する習慣がつきます。中学生になると、英語が聞き取れないとすぐにあきらめてしまいがちですが、小学生のうちから聞いていると、初めて聞いたときは分からなくてもだんだんに聞き取れて分かるようになるんだ、という気持ちを持つことができるようになります。こうした気持ちをしっかりと植えつけておくことは、とても大切です。聞いているうちに、分かった！　と思える瞬間が必ずあり、こうした成功体験を小学生のうちに味わえば、中学生になってからもあきらめずに内容を推測しながら理解するこ

とができるのです。中学、高校生になってからのリーディングも同じことが言えます。長文を読む過程を考えてみましょう。1回目に読むときは意味が全く分からない、2回目に読むとテーマくらいは分かってきて少しずつ意味が取れ、3回目になると雲が晴れたように内容がはっきりとつかめるようになるのです。こうした順序を踏むことが大切なのです。**「最初は分からなくても少しずつ理解できるようになる」**という感覚を、ぜひ小学生のときに身につけさせたいものです。これが、小中一貫英語教育の醍醐味なのです。

　第2に、絵本の導入は異文化理解にもつながります。

　内容よりもリズムを重んじた導入に使われる本もありますし、内容をより味あわせたい本もあります。詳しくは第3章（p.114）でご紹介します。

5. おわりのあいさつ、振り返り活動

　最後にGood-bye Songを歌って、終わりということを印象づけます。振り返り活動では、先生も生徒も日本語でいいですので、感想を述べたり、質問したりします。振り返りカードに記入させることもできます。

 **文法は教えないの？**

　文法は小学校では教えません。まずは、小学校の英語活動は、読者の方々が経験した中学校での英語教育とは全く異なることを自覚してください。

　第1に、中学校では詳しく書かれた教科書をもとに授業が

進められました。しかし、小学校にはこれまで教科書がありませんでした。実は平成21年度の4月から、初めて小学校5、6年生を対象とした、『英語ノート』という教材が配布されることになりましたが、これについては4章で解説します。

　第2に、耳から入る音声重視の活動を小学校では推進しています。視覚から入る英語教育ではありません。そこで、少しでも英語を多く聞く機会を増やしたいので、担任の先生やJTEにも、なるべく英語を使って活動を進めるようにお願いしてきました。日本語を使うと、どうしても文法説明をしたくなるからです。「どうして先生は、さっきはappleと言ったの、どうして今度はapplesと「ズ」をつけたのですか?」というように、鋭い小学生は質問してきます。「それはね、英語には単数形と複数形があってね、複数形は語尾に -sをつけるの。-sは、発音が「ズ」というときと、「ス」というときと…」と説明を始めてしまっては、ほとんどの小学生の英語への興味が薄れてくるのです。theとaの冠詞の違いなどを説明されていた先生もいらっしゃいましたが、しかし、こうした詳しい説明は避けていただきたいので、「なるべく英語で教えてみましょう!」と声をかけています。

　英語が母語の子どもたちは、実は教えなくてもこうした規則に気がつきます。2歳くらいのときに、goの過去形をgoedとか、wentedのように発話するという状況がどの子どもにも見受けられます。comeの過去形を、comedと言う子どももいます。子どもたちは、「動詞の過去形には -ed

をつける」という規則に無意識のうちに気がつき、不規則な動詞にまで-edをつけてしまうのです。同様に、mouse（ねずみ）の複数形をmousesと言ったり、foot（足）の複数形をfootsと言ったりします。「語尾に-sをつけると複数形になる」という規則に気がついているからです。しかし、2歳を少し過ぎる頃になると、親が教えなくても自然に、どの子どもも例外があることに気がつき、wentやcameという正しい過去形を使うようになります。複数形についても、miceやfeetを使うようになります。

　日本人の小学生がそこまで気がつくようになるには、かなりの量の英語に触れなければ不可能なので、こうした現象は起きませんが、ネイティブの子どもでもだんだんに言葉を理解していくということを分かっていただきたいのです。つまり、一度に何もかも教える必要はないし、完ぺきにさせる必要もありません。まずは子どもが自然に言葉を学ぶ過程を思い出して、たくさん英語の音に触れることを優先させましょう。小学生は音を聞き取るのが、得意なのです。英語を使って話せるって、楽しいね！　ということを分からせるだけでも十分だと思います。文法のように理論的に覚える作業は中学生の方が得意なので、中学校に行ってから文法を教えましょう。

❀ 英語活動で子どもたちはこう変わった！

　英語活動を続けていると、教員が明るくなり、小学校も明るくなってくると、多くの小学校の校長先生方が話されていま

す。特に子どもたちには、次のような変化が見られたと南大谷小の校長先生は話されました。

- 英語の歌など自然と口ずさみ、英語に慣れしんできた。
- 恥ずかしさがなくなってきた。
- 英語が好きという子が増えた。
- 短い会話を日常の中で使う場面が増えた。
- リアクションが大きくなってきた。
- 表現力がついてきた。
- 楽しんで表現している子が増えてきた。

　他の小学校でも、こうした変化が見られます。町田市の小山田南小学校での英語活動の時間中に、子どもたちが絵本に出てくる動物のジェスチャーを真似していると、一人の男の子が張り切り過ぎて頭をホワイトボードにぶつけました。そばにいた女の子が、"Are you all right?" と思わずたずね、"Okay." と男の子が答えたときには、見学に来ていた先生方が「ホーッ」とため息をつきました。また、保護者の方も、お子さんが風邪をひいてくしゃみをしたときに、"Pass me the tissue." と言ったと、驚いて話してくれました。最初に紹介した函館の小学生たちも、廊下で会うと、2日目からは "Hello." と元気にあいさつするようになります。表情も豊かになり、外国人の先生方にも進んで話そうとするようになります。

　1章では、すでに何年か英語活動を積み重ねてきた学校の活動状況をご紹介しました。2章では、さらに現場の声や具体的な内容をご紹介します。

2章

小学校英語、
だれが何をどのように？

1章を読んでいただき、小学校で英語活動が始まることが決して不可能ではないこと、小学生にとって意義のある活動であること、実際に英語活動が順調に進んでいる小学校があることが、少しずつ分かっていただけたのではないかと思います。

　そこで2章では、さらに具体的に、だれが教えたらよいのか、すでに英語活動が始まっている小学校の担任や現場の悩みは何か、これをどうやって克服していけるのか、といった具体的な話をしていきたいと思います。そこで、まずは小学校学習指導要領の外国語活動の部分を確認しましょう。小学校の活動は、この指導要領を具現化するものであり、これを正しく理解するところから、具体的な話に入って行きたいと思います。

✿ どのような英語を教えるの？

　平成20年3月に新小学校学習指導要領が告示され、外国語活動の目標が明示されました（平成23年度実施）。

> 外国語を通じて、
> ①言語や文化について体験的に理解を深める。
> ②積極的にコミュニケーションを図ろうとする態度の育成を図る。
> ③外国語の音声や基本的な表現に慣れ親しませる。
> →　コミュニケーション能力の素地を養う。

　矢印以下の、「コミュニケーション能力の素地を養う」という点が、小学校英語活動のポイントになります。また、第5学

年及び第6学年の2年間を通じて達成される内容については、以下のように書かれています。

> 1．外国語を用いて積極的にコミュニケーションを図ることができるよう、次の事項について指導する。
> (1) 外国語を用いてコミュニケーションを図る楽しさを体験すること。
> (2) 積極的に外国語を聞いたり、話したりすること。
> (3) 言語を用いてコミュニケーションを図ることの大切さを知ること。
> 2．日本と外国の言語や文化について、体験的に理解を深めることができるよう、次の事項について指導する。
> (1) 外国語の音声やリズムなどに慣れ親しむとともに、日本語との違いを知り、言葉の面白さや豊かさに気付くこと。
> (2) 日本と外国との生活、習慣、行事などの違いを知り、多様なものの見方や考え方があることに気付くこと。
> (3) 異なる文化をもつ人々との交流等を体験し、文化等に対する理解を深めること。

さらに、内容の取扱いについての配慮事項として、次のように、あくまでも文字指導は触れる段階にとどめるようにと、述べています。

> 外国語でのコミュニケーションを体験させる際には、音声面を中心とし、アルファベットなどの文字や単語の取扱いにつ

いては、児童の学習負担に配慮しつつ、音声によるコミュニケーションを補助するものとして用いること。
● アルファベットなどの文字の指導については、例えば、アルファベットの活字体の大文字及び小文字に触れる段階にとどめるなど、中学校外国語科の指導とも連携させ、児童に対して過度の負担を強いることなく指導する必要がある。
● 外国語を初めて学習する段階であることを踏まえると、アルファベットなどの文字指導は、外国語の音声に慣れ親しんだ段階で開始するように配慮する必要がある。

こうした学習指導要領が発表され、これにしたがって中学校における外国語の指導要領も以下の通り変更されました。

中学校学習指導要領[各学年に関する配慮事項]変更点
●「小学校における外国語活動を通じて音声面を中心としたコミュニケーションに対する積極的な態度などの一定の素地が育成されていることを踏まえる」(追加)
● 現行の指導要領「英語を聞くことに慣れ親しみ、初歩的な英語を聞いて相手の意向などを理解できるようにする」(削除)
● 現行の指導要領「英語で話すことに慣れ親しみ、初歩的な英語を用いて自分の考えなどを話すことができるようにすること」(削除)

以上の通り、従来中学校で行われていた「聞くことに慣れ親しむ」「話すことに慣れ親しむ」という活動は、小学校教育に

委ね、中学校の学習指導からは削除されています。すなわち、平成20年の「小学校学習指導要領解説 外国語活動編」によれば、小学校におけるコミュニケーション能力の素地を育成する目的は、①中・高等学校の外国語科で目指すコミュニケーション能力を支えるものであり、②中学校における外国語科への円滑な移行を図る観点から、目標として明示した、とあります。これは、以下の能力の育成を意味します。

- 小学校でコミュニケーション能力のベースとなる「素地」
- 中学校でコミュニケーションの道具としての英語の「基礎」
- 高等学校卒業時には、国際的な場面でコミュニケーションができる基本的な能力

　平成13年に文部科学省から、「英語指導方法等改善の推進に関する懇談会」という報告書が提出され、その中で、日本の英語教育の最も大きな課題として、小学校から高校・大学までの英語教育のコミュニケーションにおける「一本の柱」の構築があげられていましたが、今回の新学習指導要領はこの小学校から大学までの英語教育の「一本の柱」の構築を目指した方向性が示されています。
　そこで、これを受けて、中学校における新学習指導要領にも、英語を聞くこと、話すことに慣れる活動は小学校に任せ、「読む」「書く」を含めた4技能を取り入れたコミュニケーション能力の基礎作りを目指すという変化がみられます。

2章 小学校英語、だれが何をどのように？

> （中学校の）外国語の目標は、
> 外国語を通じて、
> ①言語や文化についての理解を深める。
> ②積極的にコミュニケーションを図ろうとする態度の育成を図る。
> ③聞くこと、話すこと、読むこと、書くことなどのコミュニケーション能力の基礎を養う。

　以上のように、中学校では聞く・話す・読む・書く、の4技能を一度に取り扱いますが、小学校ではあいさつ・自己紹介などの活動が主である点が、大きく異なります。

　1章で紹介した、現在小学校で指導されている活動である歌・チャンツは、指導要領2.(1)の「外国語の音声やリズムなどに慣れ親しむとともに、日本語との違いを知り、言葉の面白さや豊かさに気付くこと」の具体的な内容になります。さらに、Brown Bear, Brown Bear, What Do You See? のような、リズミカルな絵本の読み聞かせを通して、「外国語の音声やリズムなどに慣れ親しむ」ことができます。また、ゲームやチャンツ、ダンスなどを通して練習する今日の会話表現やコミュニケーションは、まさしく、指導要領1.(1)～(3)の「外国語を用いてコミュニケーションを図る楽しさを体験すること」「積極的に外国語を聞いたり、話したりすること」「言語を用いてコミュニケーションを図ることの大切さを知ること」に当たるのです。

　では、指導要領2.(2)の「日本と外国との生活、習慣、行事などの違いを知り、多様なものの見方や考え方があることに気

付くこと」という内容は、どこで学習できるのでしょうか。指導要領2.(3)では、「異なる文化をもつ人々との交流等を体験し、文化等に対する理解を深めること」とありますが、日本では実際に外国からのゲストや留学生などと交流をする、生活や習慣、行事について直接話を聞くという機会は限られています。もちろん、ALTから知識を得ることもできますが、これもそのALTの出身地に限られます。そこで活躍するのが、実は内容を重視した絵本の読み聞かせなのです。欧米から出版されている本を通して、学校の給食の中身や家庭の様子、友達との遊びや行事についても触れることができます。

❀ だれが、どのような方法で教える？

指導者については、以下のような組み合わせがあります。
①担任＋ALTの2名体制
②担任＋JTEの2名体制（JTEは、大学生や地域の英語指導者や中学校から派遣された英語の先生など）
③担任＋ALT＋JTEの3名体制
④担任のみ

小中一貫英語教育を早くから推進している東京都三鷹市では、平成21年度より6年生対象の英語活動は③の3名体制となり、JTEとして中学校の英語の先生が加わります。これまでも、カリキュラム作成には中学校の英語の先生が加わってきました。3名体制の授業が子どもにとって有効かどうかは、今後の成り行きを見守る必要がありますが、ALTと中学校教員によ

るコミュニケーションのモデルを子どもたちにいろいろと見せられるのではと、小学校教員は期待しています。

基本的な表現を教える際には、目標表現（target sentences）と非目標表現（non-target sentences）があります。たとえば、1章で紹介した次のダイアローグは、子どもたちに学習で覚えて欲しい目標表現です。

生徒1：Do you like curry?
生徒2：Yes, I do.
　　　　How about you?
生徒1：Me, too.

しかし、実際には最初のあいさつで交わされるような、教えることが目標ではないけれども、楽しくコミュニケーションするやり取りというものがあります。三鷹市の第五小学校では、授業の初めにこんなやり取りがALTと子どもの間で交わされていました。3年生の授業です。HRTは学級担任（=Homeroom Teacher）を指し、ここでは仮に木村先生（Ms. Kimura）としておきましょう。

ALT：　　　How are you today?
Students：Fine.
Students：Great!
ALT：　　　Great? Okay.
　　　　　　How about you, Ms. Kimura?
HRT：　　　I'm not so good.

ALT：	Take care. Are you cold?
Students：	No cold.
ALT：	Are you hot?
Students：	No.
ALT：	No. I'm a little cold. What's the weather like today?
Students：	...
ALT：	Is it nice weather?
Students：	No.
ALT：	No. It's cloudy, and ...
Students：	... rainy.
ALT：	Yes, it's cloudy, rainy, and cold. I wear one, two, three.
Students：	Five.
ALT：	In Canada, ten! Did you bring umbrellas? (傘を開く動作をする)
Students：	Yes!

　これが3年生の会話です。Are you cold? と聞かれて、No, cold. と答えていますね。本来ならば、I'm not cold. となりますが、No, cold. でも十分通じますね。実は、英語圏の幼児も、初めていわゆる否定文を話し始めたときは、どの子どもも、文の初めにNoかNotをつけて話します。No mitten.（てぶくろがない）、Not teddy bear.（クマの人形がない）、No sit there.（そこにすわっちゃダメ、あるいはそこにはすわらない）、No fall.（落ちないよ、あるいは落ちないで）のような発話が18カ月から26カ月の子どもに見られます。Noという単語の響きが強いので、発話を否定したいときはnoやnotをつければよいと、子どもは自分なりのルールを見出すのです。その後、どうも最初にnoやnotは来ないな、と気がつくらしく、22カ月から30カ月くらいになると、noやnotを文の中間におくようになります。He not taking it.（あの子は取っていないよ）、This not ice cream.（これはアイスクリームじゃないよ）、There no squirrels.（リスがいないよ）という発話が聞かれるようになるのです。3年生のNo, cold.という会話は、思わず英語母語児の言語獲得過程を思い出させてくれます。

　話は脱線しましたが、つまりこうしたやり取りに出てくる文が、非目標表現です。今日の授業で教えようと計画している表現ではありませんが、自然と子どもたちと会話しているうちに、定着を図ることもできますね。ここに中学校の先生が加われば、担任とALTだけよりもさらにバラエティーに富んだ会話をモデルとして子どもたちに聞かせることもできますし、中学校の先生と子どもの会話にも発展することが期待できるわけです。

✿ 担任・ALT・JTEの役割は？

　担任の先生は授業の進行を指示し、英語活動をスムーズに進めるという意味で、大切な役割を果たします。また、クラスの子どものことを一番よく知っているのが担任なので、指名も担任がするとうまくいきます。カリキュラムの開発や授業改善、

展開の工夫も、JTEと連携を取りながら実践していきます。年間指導計画や指導案を一から作るのは大変なので、近隣の中学校や大学の英語の先生に作成のお手伝いをお願いしたり、『英語ノート』を利用しながら、各小学校に合うように工夫、研究していくことが望まれます。

　当初は大変な作業だと思いますが、実はすぐに慣れてくるのが小学校の学級担任です。この活動は子どもに合わない、この活動は子どもが喜ぶ、というように、現場で教えていらっしゃる担任はよく分かるので、2年目からはそのモデルカリキュラムを自分たちの小学校に合うように改訂していくことができます。

　そこで、「私は発音も悪いし英語が苦手だ」などと言わずに、「担任でも英語教育ができる!」という自信や指導力をつけていくことが大切です。子どもは担任と一緒にがんばろうという気持ちになるはずです。さらに、JTEやALTと共通理解を持つことが必要で、そのためにはだれが教えても同じカリキュラムに沿って進むことが大切です。他の科目で考えると、当たり前という気持ちもあるでしょうが、これまではALTに任せっぱなし、という小学校も多々見られました。ベネッセが行った調査(「第1回小学校英語に対する基本調査(教員調査)」Benesse教育開発センター、2006年調査)によると、だれが英語教育を行っているか(複数回答)については、ALTが92.3%、担任が86.8%ですが、中心となってやっている指導者を1人選ばせると、ALTが6割に上り、学級担任の2倍に上ります。授業の進行のリードは、担任がぜひとっていただきたいと思います。

　そしてALTは、担任のリードのもとに、「初めのあいさつ」

の部分（p.24参照）で紹介したような会話や発音練習を担当します。目標表現を練習するバーバル・ゲーム（言葉によるゲーム）も、ALTに説明してもらいましょう。その後、担任やJTEが一緒になり、ゲームをみんなで行います。ゲームの説明を英語でするのは難しく、時間もかかります。また、これを日本語でくどくど説明してもつまらなくなるので、ALTに簡単な英語で、しかも絵やジェスチャーを使って説明してもらうと楽しくなります。会話の見本も、ALTと担任、ALTとJTEなどの組み合わせで行うとよいでしょう。

　JTEは、ALTの代わりにT1（主たる指導者）として会話を務めることができます。その時は、担任はT2（従たる指導者）として入ります。慣れてくると、もちろん担任も1人で授業ができるのですが、最初は特に1人で英語の授業をするのはとても疲れるので、JTEかALTと一緒に授業をすることをお勧めします。ティーム・ティーチングの場合は、必ずしもどちらかがT1（主）で、もう1人がT2（従）である必要はもちろんありません。その場の活動内容によって、柔軟に工夫すればよいと思います。

　JTEといっても、実は様々な立場の人が入っています。中学校から派遣される英語教員、大学生のボランティア、地域の英語指導者、J-SHINE（民間主導で設立された英語教育指導者の資格認定を行うNPO。正式名称は小学校英語指導者認定協議会）が発行する小学校英語認定指導者資格を取得している英語指導者、など様々です。英語に堪能であり、小学校の英語活動についてよく知っていて、しかも小学生のことがよく分かる方が望ましいのですが、小学校現場からは、とにかく英語の専

科の先生を配置してほしいという声が多く聞かれます。ALTと英語で意思疎通が図れる、という点も魅力です。

専科の先生は、通常、ある分野を専門に学んだ人で、小学生と小学校英語をよく知っている教員を指しています。たとえばJ-SHINEなどの資格を取っていて、かつ、中学校・高等学校の英語免許がある方であれば、なお望ましいと思われます。

「中学校の英語の先生が入ってくれれば安心!」と簡単には言えないのが、小学校英語の苦しいところです。中学生のように文法を説明するところから始めることはできません。小中一貫英語教育にとって大切なことは、中学の英語の先生方にはまず小学校の英語活動の現場を見学していただき、小学校の英語活動をご理解いただくということだと思います。先ほど、あいさつの場面の会話(p.45参照)を紹介した三鷹市の第五小学校3年生の子どもたちは、実は1年生から英語になじんでいました。リスニング力と反応のよさでは、中学校1年生もかなわないのでは? と思われるほど、積極性とコミュニケーション力がついています。こうした姿をまず見て、その後、教え方を研究していただければと思います。

そして、「だれが、どのような方法で教えるか」については、上記で紹介した教室での指導者の役割を決めて、その後、子どもの反応を見ながら授業を展開していきましょう。そのためにも、指導者間の事前の打ち合わせと事後の反省の時間を取りたいのですが、この時間がなかなかとれないのが、どの小学校でも悩みの種です。

❀ 何年生から教える？

　ベネッセの前記教員調査の結果を見ると、94.0％の公立小学校が何らかの形で英語教育を行っており、その英語教育を行っている学校についてみると、低学年（1・2年生）では80％以上、中学年（3・4年生）、高学年（5・6年生）では96.0％以上と、ほぼすべての学年で実施されていることが分かります。

　また、上記調査から、英語活動は、低学年では「教科もしくはそれに準じるもの」が43.5％、「その他（教育課程外の時間）」が約25％、中・高学年では「総合的な学習の時間」で約90％が行われていることが分かります。

　ところが、文部科学省の新指導要領では、第5学年及び第6学年において、それぞれ年間35単位時間の授業時間が決定されました。少なくても年間35時間の外国語活動が平成23年度から教育課程上に位置づけられることは評価されるのですが、残念ながら5年生からであり、3、4年生については総合的な学習の時間において国際理解教育などを中心に行うことになります。

　また、総合的な学習の時間については、平成20年の中央教育審議会の答申において、当初の趣旨や理念が必ずしも十分に達成されていない状況があるということから、いくつかの改善点が提出されています。たとえば、「国際理解に関する学習を行う際には、問題の解決や探究活動に取り組むことを通して、諸外国の生活や文化などを体験したり調査したりするなどの学習活動が行われるようにする」と示され、さらに、改訂のポイ

ントとして以下の2点が挙げられています。

> 改訂のポイント
> ・国際理解に関する学習を行う際の留意点を示した。
> ○横断的・総合的な課題として国際理解を扱い、問題の解決や探究活動を通して取り組んでいくことは、意義のあることである。
>   その際には、外国の生活や文化を体験し慣れ親しむことや、衣食住といった日常生活の視点から、日本との文化の違いやその背景について調査したり追及したりすることが重要である。
> ・外国語に触れる活動について示した。
> ○スキルの習得に重点を置くなど単なる外国語の学習を行うことは、総合的な学習の時間にふさわしい学習とは言えない。ただし、外国語に触れる活動を行ってはならないということではない。

　以上の説明を読むと、やや3、4年生の外国語活動への参加に対して消極的な態度が感じられますが、「外国語に触れる活動を行ってはならないということではない」と明言していますので、これまで各小学校で培われてきた活動は、決して損なわれることはないと考えます。たとえば、「各学校において定める内容」の改訂ポイントでは、「学習課題とは、横断的・総合的な学習としての性格をもち、探究的に学習することがふさわしく、そこでの学習や気付きが自己の生き方を考えることに結びついていくような、教育的に価値のある諸課題のことであ

る」と書かれていますが、絵本の読み聞かせやALTとの交流、コミュニケーションを通して、異文化理解や、コミュニケーションの大切さに気がつくことも、価値ある学習につながると判断できます。さらに、小学校学習指導要領解説の付録に載っている「道徳の内容」の部分には、第3学年及び第4学年の個所に、「友達と互いに理解し、信頼し、助け合う」「我が国の伝統と文化に親しみ、国を愛する心をもつとともに、外国の人々や文化に関心をもつ」とありますが、異文化や母語とは異なった言語に接したときに、自国の文化にも気づき、異なった文化も受け入れる心が育つと思います。ALTが子どもたちに話しかけているときに、子どもたちは一生懸命英語を理解しようと聞いています。そして、お互いに分かり合ったことを日本語で補足しながら、助け合いながら、理解していくのです。道徳で学習が必要な事柄が、外国語の授業で学習できることこそが、横断的・総合的な学習課題と言えるでしょう。

さらに、インターネットなどを通して、たとえばアメリカの小学校における給食―食べ物を調べてみることも、子どもたちにとっては興味ある課題になると思います。〔elementary school menu〕のようなキーワードを入れてインターネットで検索すると、様々なランチメニューが出てきます。3、4年対象の総合的な学習の時間に行う外国語学習では、諸外国の生活や文化を調べる学習の一つとして活用することもできるでしょう。

以下は、アメリカのある小学校の2009年2月のメニューです。

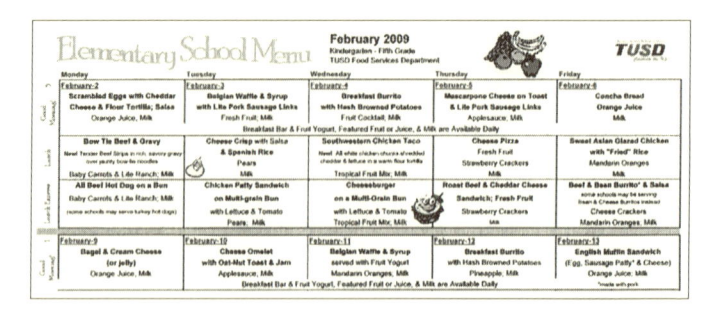

少し拡大してみると、小学生でも知っている単語が出ていることに気がつきます。

Cheeseburger（チーズバーガー）、Lettuce（レタス）、Tomato（トマト）、Tropical Fruit Mix（トロピカル・フルーツ・ミックス）、Milk（ミルク）、Roast Beef（ロースト・ビーフ）、Sandwich（サンドイッチ）、Fresh Fruit（フレッシュ・フルーツ）、Strawberry Crackers（ストロベリー・クラッカー）、Belgian Waffle & Syrup（ベルギー・ワッフルとシロップ）、Fruit Yogurt（フルーツ・ヨーグルト）、Mandarin Oranges（マンダリン・オレンジ）、Hash Browned Potatoes（ハッシュド・ポテト）といった、日本の子どもたちにもおなじみの食

べ物が出てきますね。

　単語のスペルを書いて練習する必要は全くありませんが、こうした英語に触れているだけでも、小学生は文化のみならず英語の単語にもなじみができてきて、自然に覚えていくものです。

　以上の通り、現状では 5 年生から英語活動が導入されますが、理想的には、2、3 年生から始めることが望まれます。1 章でも紹介したような歌やチャンツを使った聴覚からインプットを与える導入方法は、低学年、中学年により向くからです。皆の前で声を出すことが恥ずかしくなる年頃の高学年では、低・中学年ほど成功しないことが多いのです。

　しかし、とにかく小学校から英語活動が必修化されたということは、大変意義のあることで、それは以下のようなアンケート調査からも明らかです。

✿ 小学校で英語活動をした生徒の声

　小学生から英語をやった子は、振り返ったときに、英語に対してどんな気持ちを持っているのでしょうか？　ベネッセが 4 年制大学への進学を目指す指導を行っている高校の生徒を対象とした調査（「東アジア高校英語教育 GTEC 調査 2006」Benesse 教育開発センター、2006 〜 2007 年調査）によると、小学校で英語を学習した生徒のうち、49.2％が小学生の時に英語が「好きだった」と回答し、「嫌いだった」と回答した生徒は 8.3％にすぎません。「好きでも嫌いでもなかった」と答えた生徒は 34.6％です。

　また、小学校で英語を学習した経験の有無別に、中学生のと

きに英語が好きだったかどうかを聞くと、小学校での英語学習経験者の生徒の48.5%が、中学生のときに英語が「好きだった」と答え、小学校で英語を学習した経験がない生徒の29.0%を上回っていることが分かりました。また、「好きでも嫌いでもなかった」と答える生徒は、小学校での学習経験がない生徒の28.6%に対して、21.0%に減ります。

　現在、小学校の先生方の間では、4年間も小学校で英語を一生懸命教えてきたが、その子どもたちが中学校に行ってから、今まで以上に目に見えて英語が進歩していると言えるのだろうか？　と、いぶかしがる声も聞かれます。しかし、中学校の先生方からは、

---

1. 中学校に上がった時に、自己紹介ができる。これはいままでに見られなかったことです。
2. 英語を学習していない子どもと比較して、明らかに発音がよい。
3. ALTなどとも臆せずに話ができる。インタラクションが上手にできる。

というようなコメントをいただいています。

　さらに、ベネッセの前記調査によると、小学校で英語を学んだ高校生の8割以上が「英語の授業で学んでいることは役に立つと思う」と回答し、73.5%が「英語の学習は自分の生活や人生において有意義だと思う」と答えています。また、「英語を話す国を旅行するときに使いたいので勉強する」、「英語を話す人々と友達や知り合いになりたいので勉強する」、「知らない

言葉を学ぶことがおもしろいので勉強する」、「世界をよりよく理解するために、他の文化について学びたいので勉強する」といった、コミュニケーションや言葉に対する興味で、英語力の上位層は下位層に対して大きく差をつけています。

[年間学習時間と効果感の関係]

　また、ベネッセの2006年の小学校英語の教員調査では、小学校で英語活動がうまくいっているかどうかをたずねたところ、年間「35時間以上」やっている小学校は「とてもうまくいっている」「まあうまくいっている」を合わせて80.4%であり、一方、年間「0～5時間未満」の小学校では、22.8%という回答で大きく下回ります。先の高校生の反応と、この小学校の回答には、類似した傾向が見られるのではないでしょうか。小学生の頃に勉強していると、英語に対して親しみがわき、中学生や高校生になっても英語が好きな割合が高いのです。また小学校においても、年間35時間英語の活動に取り組むと、ALTに任せっぱなしではなく、学級担任も英語の授業に参加していると推測され、やり始めると意欲もわき、うまくいっていると感じられるようになるのではないかと思います。

[英語活動をしている小学生の意識]

　町田市でも、平成19年の1月に、児童の英語活動に対する意識を把握し、町田市小中一貫英語教育のカリキュラム作成にあたり参考資料とするために、教育委員会が市内の40校を対象にアンケート調査をしました。その中で、「英語活動をするのは、何のために必要だとおもいますか」という質問に対し、

小学校3年生全体では、以下の順で英語が役立つと考えている児童が多いことがわかります。
　① 大人になって仕事をするときに役立つ
　② 将来、外国へ旅行に行くときに役立つ
　③ 中学校の勉強に役立つ
　④ 英語が話せるようになるため
　⑤ 外国のことを知るのに役に立つ

同じ項目で、この時点ですでに1年間英語活動を行った、1章で紹介した南大谷小の3年生の結果を比較すると、以下の通り、「中学校の勉強に役立つ」よりも、「英語が話せる」あるいは「外国のことを知るのに役立つ」が上位にきています。
　① 大人になって仕事をするときに役立つ
　② 将来、外国へ旅行に行くときに役に立つ
　③ 英語が話せるようになるため
　④ 外国のことを知るのに役立つ
　⑤ 中学校の勉強に役立つ

これは、実際に英語活動を行ったことで、コミュニケーションや言葉、文化などに興味が出てきている、すなわち、高い目的意識が芽生えていると考えられるのはないでしょうか。ベネッセの調査でも、高校生の下位層の生徒が「受験に必要なので」と答えている割合が一番高い一方で、上位層の生徒はよりコミュニケーションや文化、言葉への興味といった高い目的意識を持っていることと関連性があるように思えます。

また、ベネッセの同じ調査で、英語学習の効果感に関して

も、「小学生のとき、およびそれ以前の英語学習は、自分の現在の英語力の土台・基礎となっていると思いますか」に対して、小学校で英語を学習した経験のある高校生の半数以上が、「英語への興味・関心」、「外国文化などへの興味・関心」「外国の人とコミュニケーションを行おうとする態度」の3つの項目について効果を感じていることが分かります。

ちなみに、小学校でのみ英語を学習した子どもも、小学校以外でのみ学習した子どもも、小学校・学校外両方で学習した子どもも、この3つの項目では、半数以上の生徒が効果を感じています。小学校と学校外両方での学習経験のある生徒は、さらに、「リスニング」や「スピーキング」「リーディング」「ライティング」といったスキルについて、より効果を感じていることが分かります。

✿ 現場の先生方の声

平成20年度4月より、英語活動を3年生から40校一斉に導入した町田市でも、1年間を経過して、現場の先生方から多くの意見が寄せられています。どんな問題が起こり、どんな悩みがあるか、ご紹介しましょう。

町田市では小学校全40校に共通カリキュラム、共通教材を使い英語活動を導入し、[*1] 小中一貫教育英語教育担当者連絡会も2度教育委員会主催で開催されましたので、まず、(1)

[*1] 共通教材として、『きょうから私も英語の先生！ 小学校英語指導法ガイドブック』（佐藤久美子・松香洋子著、玉川大学出版部）を使用。この本は、2年間の教育委員会主催の委員会で話し合われた内容を盛り込んで筆者が製作。

会議に出席された町田市の小学校・中学校の英語担当の先生方60名の声をお届けします。さらに、(2) 八王子市などの、英語を初めて教えた (1〜2年目) 小学校の先生方の声、そして、(3) 三鷹市などの、すでに3年間以上現場で教えてきた先生方の声もお届けします。

　最後に (4) JTEの方々の声もご紹介します。

（1）小中一貫教育英語担当者の声
―1年間、小学校英語を教えた経験を持つ40人の小学校教員＋20人の中学校教員

悩み・課題

- 去年と今年の違いは、先生たちの**研修**があり、意識が芽生えたことがあげられる。
- ALTとの打ち合わせや、カリキュラム、授業作りの時間の保証がない。
- 担任だけでは準備・研修が積み重ねられていないので、**専科制**をぜひ取り入れてほしい。
- 1年生から英語教育を導入し、**専科の先生**を置いてほしい。
- ALTに来ていただく**スケジュール調整**が難しいが、できるだけ定期的に組めるようにしたい。
- カリキュラムは充実しており、児童も楽しく学べているが、ALTの配当に関してもう少し余裕がほしい（曜日を固定するのは、行事・クラブ・委員会・会議なども関係があり、実際には難しい）。
- 英語活動が進んでいる小学校と、そうでない小学校の子どもが同じ中学校に上がってくると、**大きな差**が出ている。今後は、さらに連携する必要がある。
- ぜひ**1年から**やってほしい。1、2年の英語が少なくなって寂しい。
- **研修**を受けて、やっとT1の役割が分かってきた。
- ALTによっては、ゲームばかりやっていて、共通カリキュ

ラムに沿っていない人もいる。
- 小学校低学年から英語活動に従事していると、歌やチャンツだけでは飽きてくる。**高学年向きのカリキュラム**が必要。
- 低・中学年では喜んで乗り乗りになるカリキュラムでも、高学年は恥ずかしがってしまう。
- 町田市すべての小学校が、同じカリキュラムでやっていることは大切。
- 学芸会で英語に取り組んだ小学校があった。大いに評価される。

以上のようなご意見が、主として出ました。特に指摘の多かったのは以下のポイントです。

① 研修について
② 英語の専科の先生について
③ ALTについて
④ 英語を始める学年について
⑤ 年齢、発達に応じたカリキュラム作成について

それぞれについて詳しく述べる前に、町田市の状況について補足説明します。

補足

[町田市の研修について]
担任を対象とした研修は、町田市では年3回行われました。これは、教育委員会と玉川大学との提携によって進められました。
1. 春の教員研修

各小学校へJTE＝英語のボランティア教員を大学から派遣し、教育委員会から担任全員に配布された共通教材を使い、一学期の内容が教えられるように1日2時間ほどの担任向けの研修を行いました。英語のボランティア教員はすべてJ-SHINE資格を持っており、教え方については、前年度に大学で3回の講習を開催し、これを受講済み。

2. 夏の教員研修
教育委員会と大学の共催で、大学で場所を提供し、市内の全教員対象に行われました。終日、歌やチャンツ、ゲーム、絵本の使い方など、アクティビティ別に研修を行いました。

3. 秋の教員研修
春同様に、各小学校に教員が出向き、担任が全員研修に参加し行われました。

[ALTについて]
ALTについては、民間会社から教育委員会が各小学校の希望の日程に従って派遣。3〜4年は年間12時間、5〜6年は24時間一律に派遣。

[スケジュール調整について]
決まった曜日にALTを派遣してもらうか、行事などによって適宜派遣してもらうかは、各小学校が判断しました。

以上、英語担当の教員からの声から分かることは、T1（主たる指導者）として担任が英語を教えるのは、特に1年目は骨が折れるということでした。また、ALTが来る曜日が固定されていないので教えにくいという意見も、逆に行事で忙しいときにALTが来ると対応に手間がかかるので、曜日が固定されると困るという意見も、半々ずつありました。さらにALTと相

談する時間が取れないために、ティーム・ティーチングをうまく行うことが難しく、専科の英語の先生を希望する声も多くあがっていました。

カリキュラムについては、1年目から学年別に異なった内容で始めるのは担任の負担も高いと思われ、また、3年から6年というと、子どもの知的レベルに差はあるのですが、英語は1年目ということで同じ指導内容にしました。

また、小学校によっては、すでに1〜2年生から英語活動を取り入れているところもあり、担任を中心に活動を続けたいという希望も強くありました。そこで、カリキュラムとして提案したのは、基本的に、3〜4年の内容をゆっくり行う、量を減らしたものです。絵本の読み聞かせもお勧めです。

しかし、低・中学年ではうまくいくアクティビティも、高学年ではなかなかうまくいかないことが判明しました。これも、ALTや学級担任の技量によって反応も異なるのですが、特に1年生から英語活動に従事していると、やっていることにだんだん飽きてきて、文字や読みなどの新しいアクティビティに興味が出るのも事実です。また、「楽しんで英語活動を!」という面が強調されすぎると、言語活動の量自体が減ってしまうこと、さらに、歌やゲームばかりでは高学年は飽きてくるので、カリキュラムを綿密に作る必要があることが判明しました。カリキュラムは生きている! ということを、実感します。

課題解決　そこで、各学校の取り組みは？

共通カリキュラム、共通教材といっても、各小学校とも、それぞれ独自の対応策を取っています。次にこれをご紹介しま

す。

- 特に高学年には、授業の終わりに「振り返りカード」を使っている。書かせることで、発表していない子の気持ちがよく分かる。
- 実態に応じて、カリキュラムを変えて実施している。
- 学年に英語担当を作り、授業前や放課後などに打ち合わせをする。
- 担任も前で一緒に参加する。
- ボランティア（保護者）の方にも入ってもらっている。
- 英語担当が指導案を小学校の事情に合わせて、作成している（2～3名）。
- カリキュラムは町田共通を基本にして、さらに、工夫して行っている。一部、ALTが作成。

つまり、カリキュラムにしても指導内容にしても、小学校の実情に合わせて、やや応用版を作成し始めていることが分かります。小学校の先生方は実に「教員力」があり、1年目からでもこうした方策を取られている方々がいます。そこで、2年目、3年目になると、想像した以上に学級担任が教えることが可能になってくるのです！

中学校の先生方からのご意見

一方、こうした小学校教員の話を聞き、中学校の先生方からは、次のようなご意見が出ました。

- 現状は手探り状態かもしれないが、町田市内の小学校が同じカリキュラムでやっていることは大切である。中学校の英語教員は、小学校の英語の授業をもっと見た方がよい。
- 中学校の先生方が、小学校での実情を分かっていない。中学の先生方にも小学校のカリキュラムや教材を配布して、分かっていただく必要がある。
- 中学校では、「英語の好き嫌い」や「習熟度」の差が大きいが、英語嫌いな子を作らないように、教員は今後授業をますます工夫する必要がある。
- 中学校に入学したときに、すでに英語に対して苦手意識を持っている生徒がいる。
- 小学校で英語を楽しく学べば、英語を好きになる。すると、中学校でも英語を吸収する子どもが多い。
- 中学校に入ってきた時点で、よくできている。単語を知っている子も多い。

 以上から分かるように、中学校の先生方にも小学校で行っている英語活動を見ていただき、何を学習し、何を学習していないのか、どうやって英語活動に触れてきたのかを、知っていただく必要があると思います。また、せっかく取り入れた英語指導方法を、中学校でもぜひ続けていただきたいと思います。聴覚からインプットする英語活動を行ってきたので、中学校でもまずはリスニングからテキストの学習を始める、そして、内容を推測しながら意味をとろうとする訓練を続けてほしいと思います。これこそが、小中一貫の教授法につながり、子どもたちも安心して中学校の英語教育に入っていけるのです。

いきなりスペルを練習してテストする、文法説明で1時間を終えてしまうような教育をしている方は、もはやいないとは思いますが、積極的に英語を聞き、その内容について英語で話す訓練をしてから読んでみる、単語の意味を調べる、スペルや構文について理解する、という学習順序を踏んでいただきたいと思います。これは、自然に子どもたちが母語を学ぶ過程でもあるのです。

(2) 英語活動を始めて1〜2年目の担任の声

英語活動指導歴1〜2年目の八王子市と町田市の先生方30名に、以下の8つの質問をお聞きしました。

> **Q1.** 生徒は、英語活動のどの活動に最も関心をもっているように見受けられますか？
> **Q2.** その他に、生徒の様子を教えてください。
> **Q3.** 今までの活動のうち、最も生徒の興味を引いたテーマは何ですか。
> **Q4.** 高学年の英語活動で特に工夫を要することはありますか？
> **Q5.** 教え始める前や最初のうち、何か悩みはありましたか？
> **Q6.** それを乗り越えるためになさった工夫や努力を教えてください。
> **Q7.** 上記のうち、最も効果のあがったことを教えてください。
> **Q8.** 小学生に英語を教えるための大切なポイントをあげてください。

アンケートに協力していただいた小学校の活動の流れは、以下の通りです。結果を見るときの参考にしてください。

活動の流れ

1. あいさつ (Hello Song)
2. 歌・チャンツ・ダンスなどを使う簡単なやりとり（スキット・タイム）

3. ゲーム(ゲーム・タイム)
4. 絵本(ストーリー・タイム)
5. あいさつ(Good-bye Song)

　流れは、1章で紹介した小学校の指導案とほぼ同じです。ご担当の学年は、さまざまです。

Q1. 生徒が最も関心を持っていると思われる活動

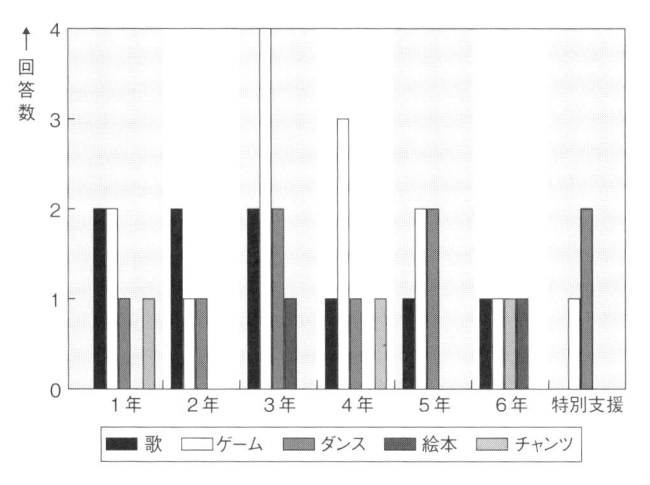

図1 Q1. 生徒が最も関心を持っていると思われる活動

　英語活動を始めて1～2年目の先生方から見て、ゲームが各学年通じく生徒の関心が高く、次に英語を歌いながらのダンスや歌の関心が高いことが分かります。学年では、3年生がピークで様々な活動に関心が強いことが分かります。

Q2. 生徒の様子は?

- (1～6年)動きをつけたり、ペアになって話す英語は、比較的楽しくやっていた。
- (1～6年・特別支援学級)色や好きな食べ物など身近なことを扱うと喜んでいた。
- (1～6年・特別支援学級)ALTの動きや英語にとても興味を持っている。
- (1年)新しいものという認識なので、繰り返し行っても楽しく活動ができている。歌は覚えが早いので、毎日流すと口ずさんでいる。
- (2年)英語が好きな子が多く、楽しくやっています。
- (3年)回を重ねるうちに、やってみよう、話してみようという気持ちが高まってきた。
- (4年)回を重ねるうちに、チャンツに挑戦する子も増えてきた。
- (3年)ダンスイングリッシュでは、回を重ねるうちに、声も動作も大きくなり、表情もやわらかくなった。3年生も、やってみよう、Let me try!と、次第に手をあげ、元気に活動するようになってきた。
- (4年)まだ4年生なので、教師の行うことをマネしたりすることが楽しい様子。
- (5年)1人だとなかなか発音したがらないが、集団だと話せる。

低・中学年についての記述が多く見られ、高学年については

ALTに任せている率が高いためか、生徒の様子についての記述があまり見られません。

Q3. 活動で、最も生徒の興味を引いたテーマは？

- （3年）ゲーム、特に絵本では、回を重ねて理解できるようになることで、興味を引く。
- （1年～6年・特別支援学級）色、好きな食べ物など、身近なことを扱うと喜んでいた。
- （5年）インタビュー・ゲーム（好きな色や食べ物などを聞いていくゲーム）

1～2年目では、テーマと関連づけて活動をすることがまだ十分に行われていないので、この部分の記述はほとんど見られませんでした。

Q4. 高学年の英語活動で特に工夫を要することは？

- 文字が書いてある単語を見せながら発音すると、安心するようだ。
- 体を動かして活動することの方がうまくやれる。

1～2年目では、各学年別というよりは、類似したカリキュラムを使用しているので、特に高学年を意識した活動はあまり提供されていないと思われます。

Q5. 最初のうち、何か悩みはありましたか?

- 自分の英語力。
- どのように、活動を組み立てればよいか。
- 内容について(何をするのか)。
- 子どもが、「英語の意味が分からない」と言って、声を出したり、歌おうとしないこと。
- いまだに分からないことがたくさんあります。意味をとても知りたがるので、どこまで踏み込ませるのがいいのか、いまだに悩むことがあります。
- とっさのとき、あるいは通常のやり取り・指示に使う言葉。
- 指示の出し方(とっさの英語が出てこない)。
- やったことがないことに、子どもが抵抗感を示すこと。
- 歌やゲームはやり方を覚えても、それまでの指示の出し方を自分で悩むこと。
- 担任と学生ボランティアJTEの役割分担。
- どこで英語を言って指導するか、タイミングが分からない。
- 英語が苦手なので、子どもの前で話せるかどうか。
- 英語活動を楽しむことができるかどうか。

　1〜2年目の先生方の悩みが、伝わってくるようですね。クラスルーム・イングリッシュは、確かに当初は悩むようです。「なんて言っていいか分からない!」という悩みをよく聞きます。そこで私は、「まずは、5種類ほどの英語表現を覚えましょう!」とお答しています。この章の最後にまとめましたので、ぜひ参考にしてください。(→p.92)

英語を使うのは楽しいことなのですから、オドオドしないで、大きな声で、笑顔で話しましょう。この態度が、コミュニケーションには大切ですね。先生がもじもじしていると、子どもも歌おうとはしないのです。先生が、まずは大きな声で元気よく歌うことが、何より大切です。

　「英語の意味が分からない!」という子どもには、「That's OK. だんだん分かるようになるよ!」と一声かけましょう。分からないことはイヤなことではなく、スリリングなこと、だんだん分かるようになるから面白い、と理解させるのです。本当に、子どもたちはだんだん分かるようになることを体験すると、とっても面白い!　と思うようになるのです。これは、**「心理的な推測ゲーム」**なのです。

Q6. 悩みを乗り越えるためにした工夫や努力は?
Q7. 上記のうち、最も効果のあがったことは?（「⇒」で記載）

- 簡単なあいさつを調べた。
- 研修を受けた。⇒効果があった。
- 書籍を読んだ。本を見ながら英語の練習をした。
- 自分も一緒にやる。
- **「やっているうちに意味が分かってくるから、まずは発音をやってみよう」と、伝え続けた。**⇒効果があった。
- 状況に応じて工夫しているので、何が効果的か分かりません。
- 「こういう時には、こういう表現」という、本にあった例を参考にした。
　⇒実際に話してみる、やってみることが、最も効果があがる。

- 毎日ダンスイングリッシュを聞いていたら、自分でも少しずつ自然に覚えてきた。
- 研修後、教材教具を使って実践を始めている。
- 担任が入ると、反応がよくなり、さらに楽しんでやる子が増えてきたので、JTEとの役割など心配しないで、積極的にかかわるようにした。

すでに、先生方は悩みの乗り越え方を、ご存知ですね。子どもに「必ず分かるからまずやってみよう!」と言い続けるとともに、ご自分たちも毎日CDを聞いて使っているうちに、少しずつできてきた! という実感を、つかめていらっしゃることが伝わってきますね。また、研修がとても役に立ったと、多くの先生が話されていました。

Q8. 小学生に英語を教えるための大切なポイントは?

- **教師自身が楽しんで授業を進めること。**
- 言語だけではなく、体全体でコミュニケーションを取っていくこと。
- 授業の組み立て。
- **まずは聞く、聞いて話す、の繰り返し。**
- きっちり学ぶ時間というよりも、体を動かしたり、大きな声で歌ったりという方がよい。
- 正しい発音を耳から入れてあげること。
- **やってみよう、という気持ちにさせること。**
- 自信を持たせること。

- 友達と言い合う、全員で話す、というように英語を使う時間をふやすこと。
- **自分がやってみようと思うこと、そしてやってみること。**
- 教材。教具。普段から簡単な会話を取り入れる。
- 英語を教えるというよりも、楽しむという姿勢を持ち、指導者自身が英語でコミュニケーションを楽しむということ。
- 体得させること。
- **英語を教えることに必死にならず、歌やダンスを交えて、楽しく英語が話されている雰囲気を作ることが大切**だと思った。

　その通りですね。「きっちり教えよう」とか、「正しく発音できるまで何度も練習する」ということは、考えないでください。子どもも、少しずつ話せるようになってきますね。

　最初は単語だけ、次第に文になり、接続詞で結ばれる長い文になり、と順々に学んでいくのです。一度にできるようになることを、期待しないでください。中学校で本格的な英語教育をする前の、準備段階！　という気持ちを、いつも忘れずに持ち続けましょう。

(3) 英語活動を始めて3年以上の担任の声

　同じ質問を、既に3年以上教えている町田市、三鷹市、八王子市の担任の先生方21名に尋ねました。

Q1. 生徒は、英語活動のどの活動に最も関心をもっているように見受けられますか？
Q2. その他に、生徒の様子を教えてください。
Q3. 今までの活動のうち、最も生徒の興味を引いたテーマは何ですか。
Q4. 高学年の英語活動で特に工夫を要することはありますか？
Q5. 教え始める前や最初のうち、何か悩みはありましたか？
Q6. それを乗り越えるためになさった工夫や努力を教えてください。
Q7. 上記のうち、最も効果のあがったことを教えてください。
Q8. 小学生に英語を教えるための大切なポイントをあげてください。

　授業の流れは、(2) の1～2年目の担任とほぼ同じですが、ゲームと呼ばずに、インタラクションと呼んでいる小学校もあります。高学年対象の場合、会話のやりとりを含む、言語活動を意味しています。

> 活動の流れ

1. あいさつ（Hello Song）
2. 歌・チャンツ・ダンスなどを使う簡単なやりとり
3. ゲーム（ゲーム・タイム）、インタラクション（ゲームと呼ばずにインタラクションと呼んでいる）
4. 絵本（ストーリー・タイム）
5. あいさつ（Good-bye Song）

では、以下に、アンケートの項目順に、主な意見をご紹介します。

Q1. 生徒が最も関心を持っていると思われる活動

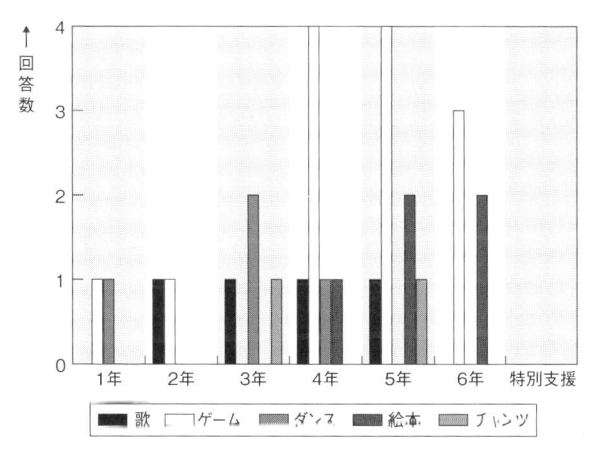

図2.Q1. 生徒が最も関心を持っていると思われる活動（高学年中心）

図2からは、1～2年目の先生方は低学年担当が多かったのに対し、3年目以降の先生方は高学年を担当していることが分

かります。そこで、5年生、6年生は絵本読みや、ゲームといっても、いわゆるインタラクション（会話のやりとり）や、英語で友達にクイズを出すなどの言語活動を主流とした活動を好むことが分かります。

　1～2年目の担任と、3年以上の担任から見た生徒が最も関心を持っていると思われる活動を合計すると、下記の図のようになります。

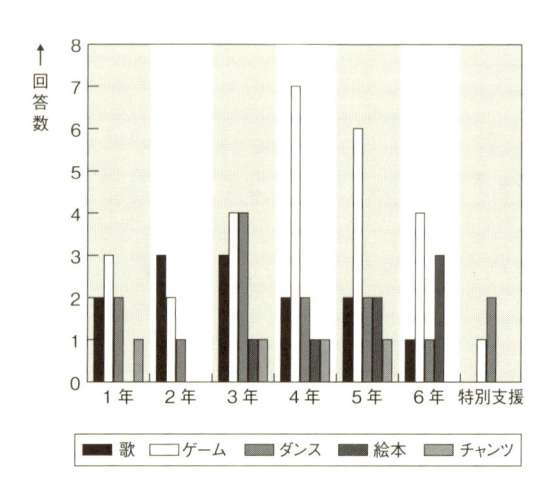

図3. 生徒が最も関心を持っていると思われる活動（図1＋図2。全学年）

　歌は平均してどの学年も関心がありますが、高学年になると関心が薄くなります。ゲームは3～5年生で関心が高く、ダンスは高学年では興味が薄れます。これに反し、絵本の活動は高学年に従って興味が強くなることが分かります。

Q2. 生徒の様子は?

- (1年) 分からないなりに、英語を楽しみにしている。
- (1年) 推測するのが苦手な子は、とっつきにくいらしい。
- (3年) 英語で言っていることが伝わらないと、落ち着かないようである。
- (3年) 最初は照れていた子も、自然に活動するようになった。
- (3年) 単にリピートするのではなく、自然に話したいことを伝えあえると、楽しそうである。絵本も、毎回同じものを読んでも、飽きずに楽しんでいる。
- (4年) 何度も歌ったり、口に出していくうちに、元気になり、歌をうまく歌い、会話もできるようになる。
- (4年) 学年が上がると、ダンスなどはテレが見られるようになる。ノリへの興味よりも、**会話や単語の意味への興味が強くなった。**
- (4年) ストーリーはALTの英語をよく聞いている。かんたんな英語でも繰り返し聞くことで、親しんでいる。*Bears in the Night*はどの学年でも楽しめた。
- (4年) ALTのスモール・トークや**ナチュラル・トークに親しんでいる。**
- (5年) 文字を覚えたい子も、少しずつ出てきた。前に出て、モデルをやりたい子も増えてきた。
- (6年) 高学年はテレがあり、消極的になりがちである。
- (6年) 高学年になると、ジェスチャーをやりたがらない。
- (6年) **絵本は男女とも好んでよく聞いたり、簡単な文を唱**

えたりしている。

　英語活動に長く従事している担任は、絵本の読み聞かせやALTを交えたナチュラルなトークも取り入れているために、子どもたちも進んで会話をしたがっている様子が見えてきます。さらに、絵本を聞き、文字に親しむ子どもも出てくることが分かります。担任の英語力がついて活動に慣れてくると、子どもたちの様子まで変化してきますね。

Q3. 活動で、最も生徒の興味を引いたテーマは?

- （5年）「～ができる？」という表現を使い、スポーツなど身近なやりとりを行う。食べ物に関するテーマも楽しく活動できる。"What's your favorite food?"
- （4年）好きなスポーツを選択肢に入れたやりとり。
- "Do you like baseball?"
- 外国人、ネイティブの先生との交流。
- インタビューするゲーム。お互いにコミュニケーションするのが楽しそうだ。
- クリスマスの買い物。ペアになった友達に好きなものを聞き、お店に買いに行きプレゼントする。
- スキット作り。習った英語のやりとりで劇を作る。6年になると内容が面白い。
- 買い物ゲーム。自分で売りたいものを絵に描き、値段をつけて売る。

3年間以上教えていると、担任の先生方が行うゲーム（というよりもインタラクション）も工夫されていて、子どもたちはますます、言いたいことが言えるような、自由なやりとりやスキット作りにも興味を持ってくることが分かります。

Q4. 高学年の英語活動で特に工夫を要することは？

- つづり方にも興味があるので、スペルが視覚からも見えるように教えるとよい。
- 先生が外国人になりきること。
- 間違えると恥ずかしいという気持ちが働き、分からないことはやりたくないという気持ちが強いので、前に出させてモデルをやらせるよりも、グループ内でやりとりをした方がよく取り組む。
- **文字に目を向け、知的好奇心を満足させる**こと。
- 文字を取り入れると、変化が出てくる。
- **繰り返しだけではなく、発展的なものを取り入れていく。**
- Repeat after me. では、ついてこないことが多い。知的欲求を満たすものが必要である。
- **意味のあるやり取り**になるように、題材を工夫する。
- インタラクションを、**必然性のあるやりとり**にする。恥ずかしがらずに話ができるようにする。
- **自分たちで考えた英語ストーリー**、知的好奇心をくすぐるような学習作りをし、インタビュー活動では、自分が本当に聞きたいことを聞く。

3年目以上の担任は高学年を担当していることが多いので、具体的でよく分かるコメントが続きます。知的好奇心をどのように起こすかが問題なのですが、中学校の先生との意識の壁を感じると答えている方もいました。成長が著しいこの時期では、子どもの興味や関心をよくつかんで活動を組み立てることが大切であると判断されます。

　また、すでに学習した文や単語を繰り返させる活動では満足しないので、スキットやインタビューも、子どもたちに考えさせて自由に発話させる学習が求められます。この点が、低・中学年との大きな差になってきます。

　次に、以下の3つの質問について、整理してみましょう。

Q5. 最初のうち、何か悩みはありましたか?
Q6. 悩みを乗り越えるためにした工夫や努力は?(「⇒」で記載)
Q7. 上記のうち、最も効果のあがったことは?(「⇒」で記載)

- ボランティアの先生との打ち合わせの時間がない。
- 自分の語学力で大丈夫か?
  ⇒ボランティアの先生には、分からないことは何でも聞き、ティーチャーズ・トーク（教師だけが使うクラスルーム・イングリッシュ）も壁に貼って、いつも使うようにした。
  ⇒効果があった。
  ⇒ティーチャーズ・トークは、子どもに大きな声で指示できるようになった。⇒積極的策が功を奏した。
- 単語が出てこない。
  ⇒研修を受けて、時々英語のCDを聞いた。

⇒研修を実際に受けたことがよかった。⇒効果があった。
- 慣れるまでは、テンションが下がっていた。
 ⇒教師も恥ずかしがらずにやり、子どもに声をかけていく。授業の最後に、質問コーナーで子どもに答えてあげていく。⇒非常に効果があった。
- 発音が難しい。
 ⇒研修を受けたり、ALTの発音をよく聞き、慣れるようにした。
 ⇒この方法で、発音にも慣れた。
- 児童の乗りが悪く、私も英語でうまく説明できない。
 ⇒教室で使うようなフレーズを覚えておき、授業後には子どもの質問を受け、子どもを乗せる努力をした。研修に参加し、DVDを見て間の取り方を学んだ。
 ⇒フレーズを覚えたことがよかった。外国人とのかかわりを積極的に持ち、研修を受けたり、DVDで学んだことはどちらも有効だった。⇒効果があった。
- 英語力に自信がなく、とっさの質問に対応できない。
 ⇒アクションで伝え、次の時間までに調べて指導。
 ⇒アクションで伝えた。日本語で伝えた時は、やはり最も理解していた。
- 自分ができるかどうか不安。
 ⇒自分も楽しむという気持ちを持つこと、英語教師になりきったつもりでやる。
 ⇒自分で楽しむことで、不安な気持ちを乗り越えた。
- 悩みだらけだった。英語で指示ができるのか？　TTとして、どのように授業を組み立てればいいのか？　小学校英語の目

標は何か？
⇒研修会に参加し、TTの教え方や歌、チャンツを具体的に学ぶ。関連する本を読む。校内研究会の場で、中学校の先生も交えて研修を受ける。クラスルーム・イングリッシュを使ってみる。
⇒研修会への参加が最も効果的だった。
- 英語力が不足している。45分の授業の流れや、年間指導計画の作り方など。
⇒クラスルーム・イングリッシュを覚え、年間計画制作は2年間、校内の研究テーマにした。研修会を開いた。
⇒こうしたすべての取り組みに効果があった。

①楽しむこと、②ティーチャーズ・トークを自身で積極的に学ぶこと、③そのためにも研修に参加すること、以上によって、皆さんが悩みを解決していったことが伺えます。いずれにしても、前向きな姿勢、積極的に学ぶ姿勢を持つことで、不安が解消されていくことが分かります。

Q8. 小学生に英語を教えるための大切なポイントは？

- 指導者も、いっしょに楽しみ、声を出すこと。
- 担任も楽しみながら、子どもと一緒になって活動すること。担任も、どんどん発音することも大切。
- 恥ずかしがらずに盛り上げる。教員の思いきりが大切。
- 担任が下手でも、一生懸命、積極的に取り組む。クラスルーム・イングリッシュをなるべく多く覚えること。

- 指導者のテンションを上げること。正しい発音、フレーズを教えること。
- 時間の流れがいつも決まっていること。**テーマに合った、歌、チャンツ、絵本などを組みあわせて、CDやDVDを活用する。**
- 歌やゲーム、絵本などいろいろな活動を組み合わせ、**耳から入る英語に慣れさせていくこと。**学年が上がるにつれ、**質問にも答えてあげたり、スペルも掲示するなど、工夫を**する。
- ALTの先生のテンポ、リズムのいい指導は児童に心地よい。
- 絵や本を効果的に使う。
- **日本語で訳したり、教えることをしないで、雰囲気で意味を推測させる。**
- あまりしつこいと飽きるが、繰り返し練習する。
- **日常生活に密着した題材を選ぶ。**

①英語が苦手だと思っても、積極的に子どもと一緒に楽しく取り組む、という点は、1年目の担任と同じ意見ですが、太字で示した個所で分かる通り、②歌、チャンツ、ゲーム、絵本など、いろいろな活動を組み合わせる、③日常生活に密着した題材を選ぶ、といった工夫が、3年以上教えた担任に見られます。Q4.の高学年の活動での工夫で挙げられたとおり、高学年は自ら考えてコミュニケーションをしてみたい、やり取りをしたいという気持ちが高まってくるので、3年以上教えている先生方はこうした子どもの気持ちに気がつき、扱う題材も工夫されているのでしょう。

担任の先生方は、まずは楽しみ、思いきるところから活動を始め、そのうち、子どもたちの認知発達に合わせたプログラムやカリキュラムの内容を工夫して教えられるようになることがよく分かります。

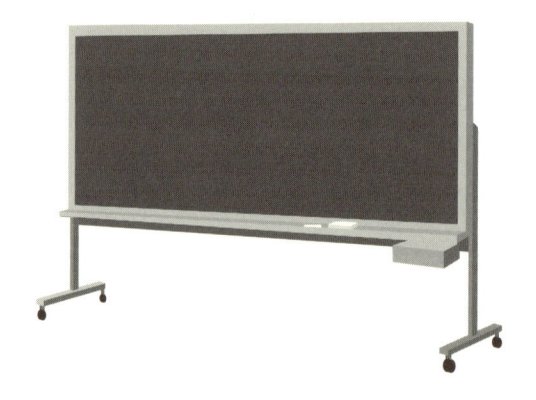

(4) 現場の日本人英語補助指導員(JTE)の声

　それでは、最後に、JTE（日本人の英語補助指導者）の立場で教えている方々の声をお届けします。都内で10年以上小学生に教えている10名にアンケート調査をしました。この10名は、すべての方がJ-SHINEと呼ばれるNPOの小学校英語指導者資格を持っていて、かつ、その半分の5名が中学校・高等学校の英語教員免許を取得しています。

　Q1.〜Q8.までは、担任に対するアンケートと同じ項目を尋ねました。Q1.〜Q4.の回答については、担任と類似したものが寄せられました。Q8.の小学生に英語を教えるための大切なポイントでは、担任と同様に、①教師が英語を楽しむ姿勢が大切である、という意見が寄せられたほか、②全員が正確に言えるようにするよりも、全員が楽しんで授業を受けてくれる姿勢に持っていくこと、③子どもの成長を信じ、どの子どもにも平等に温かく励まし続けること、といった、意見が寄せられました。JTEとして10年以上教えているうちに、教師もあせらずに、子どもの完成度を求めないようにという、配慮が感じられます。

　次に、Q5.〜Q7.については、担任と異なる回答が出されています。以下にこれを紹介します。

Q5. 最初のうち、何か悩みはありましたか？
Q6. 悩みを乗り越えるためにした工夫や努力は？（「⇒」で記載）
Q7. 上記のうち、最も効果のあがったことは？（「⇒」で記載）

- TTの授業で担任の先生とのコミュニケーションを取る時間がない。
  - ⇒たとえば、先生方が比較的時間の取れる夏休み、冬休み、春休みなどに時間を取っていただくなど、できる限りこちらから連絡を取るように心がけた。
  - ⇒FAXでやりとりした。
  - ⇒メモを書き、お渡しするようにした。⇒効果があった。
- 普段から生徒と接していないので、生徒1人1人の特徴がつかみにくい。発達段階に応じた指導が難しい。
  - ⇒名札をつけてもらい、気づいたことやその子の特徴などをメモしておいた。子どもの反応を見ながら指導法を変えていった。担任と話すようにした。
  - ⇒名前を呼び掛けてあげると、こちらにも興味を持ってくれるようになった。⇒効果があった。
- 担任の先生方が消極的にならないように、励ましていくのにいろいろな方法が必要だった。
  - ⇒研修を重ね、担任の先生方の授業を見せていただきアドバイスする機会をいただき、積極的に授業をしていただけるようになった。⇒効果があった。
  - ⇒先生方は、授業を見てもらい助言をいただくことで安心なさるようだ。
- 担任の先生方と上手に2人でTTの授業が組み立てられるかどうか。
  - ⇒授業外で先生方とコミュニケーションを取るように心がけ、こちらの進めたい方針を伝え、先生方の希望を授業に取り入れるように努力した。

⇒5分休みでも、まめにその日の反省を先生方にお話した。
⇒効果があった。

　担任の先生方の悩みが、まずはご自身の英語力だったのに対し、JTEの先生方は、①担任との打ち合わせの時間が取れない、②子どもを普段から見ていないので、特徴や発達段階をつかむのが難しい、という悩みが一番多く挙げられていました。授業を終わった後で、反省の時間を取る、メモに書いて渡す、といった工夫をすることで、TTをうまく進められるようになり、子どもたちの名前を覚え、呼びかけるところから、特徴をつかんでいくヒントがつかめたようです。
　次に、JTEには、さらに次の2つの質問をしました。主な意見を紹介します。

Q9. 担任の先生に望むことは?

- クラス担任である強みを生かし、担任の先生方も前に出て、授業に積極的にかかわっていただきたい。
- 英語活動に関心を持って参加してほしい。「やってみよう」という気持ちを持ってほしい。
- 子どもが間違えても、正しい言い方を強要せず、あせらずに見守ってほしい。
- 生徒を監視するような態度ではなく、溶け込み、子どもたちを励まし、1人1人をサポートしていただきたい。

　JTEの先生方が教えていらっしゃるときは、担任の先生方は

安心してJTEに任せてしまったり、授業を参観する態度になりがちなことがここから理解できます。

Q10. ALTとは違う、日本人の補助指導者ならではできることをあげてください。

- 英語で教えていても、子どもたちの視点に立った指導ができて、どんな英語を使えば分かりやすいのか、何を言いたがっているのかが、分かります。
- 担任の先生方の相談相手になれる。困っていること、学級の実態などの相談ができる。
- 日本語でコミュニケーションが取れるので、担任の先生方が授業ではイニシアティブが取りやすい。
- 「外国人でなくても、英語を話す」というお手本になる。
- 担任の先生方と十分にコミュニケーションが取れる。生徒の様子、毎回の授業の反省や次回の対策など、担任の先生と話し合える。
- 英語学習において日本人が間違えやすい点や気をつけるべき点などを知っているので、どのように教えたら理解しやすいかも知っている。
- ALTと担任の橋渡しができる。

担任の先生方からも、英語の専科の先生を置いてほしいという希望が多く出ていますが、上記のような悩みが解決されるからだということがよく分かります。

JTEの先生方からは、指導内容、指導計画、カリキュラムの

立案などの内容にもかかわり、より責任を持って授業改善にも取り組みたいというご意見が多々出ています。毎日、同じ小学校に定期的に通うことで、子どもたちの様子がよく見えてくるというご意見もありました。

担任の先生方も3年間教えると、クラスルーム・イングリッシュも身につき、余裕を持って、子どもの発達に応じたカリキュラムの工夫をしながら教えることが可能になります。それまでの期間だけでも、同じJTEが常に小学校でTTとして活躍できれば、担任の先生方の気持ちも安定し、落ち着いて指導が始められるのではないでしょうか。こうした配備が求められています。

ただし、全クラスをJTEに任せる場合は除いて、担任が積極的にかかわっていくことが将来的にも求められるのであれば、カリキュラムの立案や指導内容については、担任がリーダーシップを取り、JTEがこれを補助しながら制作していくことが望ましいと考えます。子どもの様子を一番よく分かっている教師が、リードしていくことが望まれます。

次の3章では、そもそも言葉を獲得するとは、学ぶとは、どのような経過を辿るものでしょうか、その様子をお話します。子どもの母語の獲得について理解することは、外国語の指導についても、多くのヒントが得られるものです。無理のない、自然な指導を行う上でのヒントを見つけてください。

教室英語、まずこれだけ覚えましょう

①Good Morning. / Hello. How are you? I'm fine, thank you. (おはよう。/こんにちは。元気？ 私は元気です。ありがとう)

②Let's start our English class. Stand up, please. (英語の授業を始めましょう。起立)

③Let's listen to the CD. (CDを聞きましょう)

④Let's sing a song. あるいは It's song time. (歌いましょう。/歌の時間です)

⑤Make a line. Face each other. (並んで。向き合って)

まずはこのくらいで、大丈夫です。あとは、子どもをほめる言葉を使います。

⑥Great. (すばらしい)

⑦Very good. (非常にいいです)

⑧Well done. (よくできました)

また、活動を始めるときに、毎回子どもたちと一緒にジェスチャーをつけて次の言葉を言います。

⑨3, 2, 1, Action. (3, 2, 1、スタート)

この声を皆でかけてから活動に入ると、元気が出て、勇気もわき

ます。
最後のあいさつも忘れずに。

⑩ **See you next time. Bye.**（それではまた。さようなら）

以上の基本文を覚えれば、あとは応用がききますね。

- **Let's listen to the CD.** の代わりに
  Listen to me.（私が話すのを聞いてください）
- **Let's sing a song.** の代わりに
  Let's play a game.（ゲームをしましょう）
- **Make a line.** の代わりに
  Make a circle. / Make a pair.（輪になって／2人1組になって）
  教室の列ごとに、あるいはペアになって会話表現を練習するときに使える英語です。
- **Switch.** のように、「交代」を表し、会話の役割を交換することに使う表現もあります。

あせらず、少しずつ覚え、少しずつ使ってみましょう。大切なことは、「英語を使ってみよう！」という勇気を持つことです。

　ここで、大切なワン・ポイント！ たとえば **Listen to me.**（私が話すのを聞いて）と話すときには、片手を広げて耳もとにかかげる、といったジェスチャーをつけます。**Switch.**（交代）のときも、両方の人差し指を大きく交差させます。**Face each other.**（向き合って）は両手を広げたのちに顔の前で合わせます。ジェスチャーは有効なコミュニケーション手段です。

3章

子どもは
こうして言葉を獲得する

3章 子どもはこうして言葉を獲得する

　「はじめに」で、「小学校英語活動は中学校英語教育の準備期間」、「家庭でもできる小学校英語」というお話をしましたが、3章では、①子どもはどのように言葉を獲得するのか、②この母語の獲得方法や過程は、英語習得のどのようなヒントにつながるのか、③家庭でもできる英語活動はどのようなものか、について、お話したいと思います。

✿ 母語の場合、獲得する単語の数は？

　発話の開始時期には個人差がありますが、およそ1歳前後で単語を話し始めます。1歳までにいくつかの単語を獲得して、1歳半ごろになると、爆発的に単語の数が増えてきます。実は、少しずつ単語が増えるというよりは、このくらいの年に、急に増加するという現象が見られます。そして、多い時は1カ月に50語くらい学び、5歳までには3,000語、13歳までには20,000語、教育を受けた大人であれば（高校卒程度）50,000語ほど獲得すると言われています。

✿ 生まれてまもなく、お母さんの声を聞き分けられる？

　赤ちゃんは、実は生まれる前から、お母さんの体内で音声情報を聞き取っています。プールの中で話しているのと同じような状況なので、正確な母音や子音を聞き分けているわけではありませんが、たとえば、リズムやテンポ、音の高低を聞き取っています。そこで、生後数日でも、たとえば英語と日本語の違いや、母親と別の女性の声の違いにも気づくことができるのです。

では、どのようにして赤ちゃんのこうした音声知覚を理解できるのでしょうか？　実は、赤ちゃんがおっぱいを飲む速度は生まれた時から安定していて、この速度を利用して調査が行われます。哺乳瓶に音圧センサーをつけておき、赤ちゃんがおしゃぶりを吸う回数と吸う力を計測します。その際に、赤ちゃんの耳元にスピーカーを用意し、吸った時に、たとえば、[p] という音が出るようにしておきます。赤ちゃんはこの音に興味が出て、もっと聞きたいと思うと、吸啜（きゅうてつ）速度が一時的に増加します。しかし、同じ音が続くと飽きてきます。この刺激への慣れを「馴化」と呼び、馴化が起きると、吸啜速度も元の速度に戻ります。そこで、今度はたとえば [b] という音を聞かせます。その時、新しい音だと気がつけば、吸啜速度が上昇します。これを「脱馴化」と呼びます。そして、この現象を観察して、赤ちゃんは音の識別ができたと判断します。こうやって、英語と日本語との違いや、母親と別の女性の違いが、生後数日でも分かることが判明しました。

　つまり、赤ちゃんはお母さんのお腹の中にいるときから音を聞いて、言葉の獲得の準備を進め、生後は、養育環境の言語を聞きながら、およそ１歳までに、いわゆる母語の音声言語体系に適合していくことが分かってきました。たとえば、日本語を母語とする乳児と英語を母語とする乳児を比較した時に、生後７カ月の時に [r] と [l] の弁別能力を比較してもその能力に変わりはないのですが、その３カ月後の生後10カ月では、日本語母語児では [r] と [l] の音を区別する能力が低下することが報告されています。一方、英語を母語とする乳児は、その能力が発達し、聞き分けられるようになるばかりか、区別を上

手につけるのです。よく、外国語の学習は、耳がよい早い時期に始めた方がよい、と言われますが、実は、母語の音の獲得は生後1年ほどでできあがるのです。移住でもしない限り、生後1年で外国語の環境で育つことはないので、あまり開始年齢を心配する必要はありません。しかし、たとえば小学生を比較した場合、低学年の方が高学年よりも、外国語を素直に聞き取り、模倣する力は上です。音声的知覚能力という意味では、5年生ではなく、2年生から英語活動を始めて欲しいと思います。

✿ 音の違いは意味の違い

英語では、rice（米）とlice（シラミ）、pray（祈る）とplay（遊ぶ）、rink（アイススケート場）とlink（リンク）というように、[r] と [l] の音の違いは意味の違いにつながります。しかし、日本語では「りんご」を [r] で発音しても、[l] で発音しても、意味の違いは生じません。この音の区別が、意味の違いには関与しないからです。しかし日本語では、「らんぷ」と「だんぷ」は「ら」と「だ」の1音の違いですが、意味は異なります。

つまり、赤ちゃんが単語を学習するには、「ひとつの音の違い」が「意味の違い」を表していることを学ぶ必要があり、そこで音を聞き分ける能力は大切なのです。

小学校英語・児童英語へのヒント1 ― 歌の効果

児童や小学生が英語を学ぶときに、歌やチャンツを導入するのは、音に慣れさせるという意味で効果があります。まずは、①英語の音と日本語の音の種類が違うこと、②音が違うと意味が異なることを、無意識のうちに理解させましょう。3～5歳ぐらいの子どもは、筆者の調査によると、個人差はありますが、3週間ほどCDを聞いただけで、その中に出てくる単語を、母語話者に近い正確さで発音できるようになります。

✿ 文から単語を切り出すには、アクセントがヒント

音だけではなく、単語を流れるスピーチから聞き取っていくには、単語を文から切り出すという作業が必要です。たとえば、赤ちゃんに向かってまわりの大人が、"Pretty baby"と言った時に、赤ちゃんはこれが 'pretty' 'baby' という2語からなるのか、'prettybaby' という1語なのか、'pre' 'ttyba' 'by' という3語からなるのか、最初は判断できないのです。しかし、ttybaという音の組み合わせは他では聞かないが、babyという音の組み合わせはよく聞く、というように、判断していると言われています。そこで、これは2語からなる単語、というように判断するのです。その他にも、'top' のtにあたる音 [t] は、発音するときに、気音と呼ばれる息が出ますが、'stop' の [t] を発音しても、気音は出ません。そこで赤ちゃんは、息が出るtは単語の始まり、息が出ないtは単語の始まりではないと判

断します。

さらに、強弱のアクセント・パターンが、単語の切り出しのヒントに使われます。これは、英語の名詞の90％は、'dóctòr'、'órànge'のように強弱のアクセント・パターンから成り立っているために、強いアクセントがあれば単語の始まりと判断するのです。そこで、'gùitár'のように、弱強パターンの単語は、なかなか聞き取りができません。

> ### 小学校英語・児童英語へのヒント2
> ―英単語は、しっかりとアクセントをつけて発音
>
> 英語の母語児は、強弱のアクセント・パターンをヒントにして、単語を聞き取っています。つまり、アクセントをしっかりつけて発音することが、英語においてはとても大切です。特に日本語の場合は、たとえば、「つくし」「さくら」のように、平板型といって、アクセントが頭につかないで、平板に発音される語があります。最近の若い人たちの中で、「彼氏」の「かれし」を「かかし」のように平板で発音する人がいますが、この調子で英語を発音すると、全く通じません。しっかりと、アクセントをつけて発音しましょう！

❀ 1語発話期から2語発話期を経て話す力がついてくる

音が聞き分けられるようになり、12〜18カ月頃からは発話がスタートします。最初は、1語発話期といって、単語1つでいろいろな意味を表そうとします。英語の乳幼児の場合だ

と、'milk' 'cookie' 'cat' 'cup' 'what's that' というような発話です。'I want some milk' のような意味をこめて、'Milk' と1語を発話するのです。'What's that?' は大人から見ると1文ですが、子どもはこれを1語の単語だと思って発話しています。

　18カ月〜24カ月頃になると、'Baby chair' というような、2語発話期を迎えます。'This is a chair.'（これは椅子だね）という意味を指している時もあれば、'The baby is sitting in the chair.'（赤ちゃんが椅子に座っているね）、'Please put the baby in the chair'（赤ちゃんをその椅子に座らせて）という意味を表そうとしているときもあるのです。こうした意図や意味の違いを分かるのは、いつも赤ちゃんと一緒に過ごしている人だと思います。

　その後、単語の発話量は増えてきますが、冠詞や前置詞が使えるようになるのは、さらに成長してからです。'Andrew want ball' 'Cat drink milk' といったように、冠詞など、意味の弁別にあまり関与しない機能語であるaやsomeは落ちて、内容を表す語（名詞、動詞など）からなる発話が続きます。ですから、外国語としての英語を小学校で扱う場合も、完ぺきな英語を覚えさせようとする必要はないのです。英語の母語話者でも、だんだんに正しい文を覚えていくのです。

小学校英語・児童英語へのヒント3
―完ぺきな英語をめざさない

文法の正しさにはこだわらないこと、子どもが話したいことを自由に話させることが大切です。ネイティブの子どもの発話も、少しずつ大人の文に近づいていくのです。

✿ 語の反復力と単語量(語彙サイズ)

言葉を獲得する力を、私たちは持って生まれてきます。特に教えなくも、母語は自然に触れているだけで覚えていきます。これは、自然に歩き、走れるようになるのと同じように、遺伝的に組み込まれている力です。しかし、たとえばいつも子どものそばにいる母親と子どもの相互作用というような、環境の力も影響することが近年少しずつ分かってきました。

たとえば、2歳くらいになると、子どもは母親の言葉を模倣します。実は、お母さん自身も、子どもの発話を模倣しています。

◆母親がこどもの発話を確認している例:
　子ども:しばらくたったら、なにがくるかな?
　母親:なにがくるかな?
◆母親がこどもの発話を修正したり、広げる例:
　子ども:ナイナイ!
　母親:ナイナイするの?
◆母親が子どもの模倣を誘導する例:

①母親：線路だね。
　子ども：線路。
②母親：おいしい？
　子ども：おいしいですよ。
③母親：これもりんごかな？
　子ども：これもりんごだよ。

玉川大学赤ちゃんラボでの、母子相互作用の調査の模様

　互いに模倣しながら、母親は子どもの発話を確認したり、言葉を繰り返させて、意味を確認させているのです。子どもも、母親が自分の言葉を模倣してくれることで、自分の話を聞いてくれているという安心感を持つのでしょう。
　筆者の実験室で調査した結果、26カ月児くらいで意味のない語を反復する力がある子どもは、単語をたくさん知っている（語彙サイズが大きい）ことが分かりました。無意味語反復とは、たとえば、2歳児であるならば、「てぬてぬ」「ぎもぎも」のような意味のない語を、瞬時に子どもにも反復させることです。子どもにとっては、言葉を初めて聞いた時は、音の組み合わせも意味も知らないので、おそらく無意味語を聞いて反復す

るような状況だと想像できます。もちろん、実際の日常生活では、単語が独立して産出されることはなく、発話の状況から意味なども判断できるようになります。調査では、どの子も知らない語で実験するために、このように無意味語を用います。

　この単語の反復能力は、実は記憶の中でも、短期記憶、特に作業記憶（working memory　日本語訳でもワーキングメモリと呼ばれる）が関係していることが分かってきました。知らない音を聞いて、これを一時的に暗記して、さらに産出する力です。2歳児に限らず、3歳〜5歳くらいの子どもたちも、このように無意味語を反復する力が高い子どもは、語彙サイズが高いのです。単語をたくさん知っているのは、おそらく、周りの母親などの大人がよく話しかけている、本をよく読んであげている、などの状況が想像できます。母語の単語の音にたくさん触れていると、音のつながりを覚えていきます。長期記憶の中に、音の組み合わせが貯蔵されていくと考えることもできます。そこで、未知語を初めて聞いたときも、その記憶と、ワーキングメモリに入ったばかりの記憶を統合して、すぐに反復することが容易なのだと考えられます。

　さらに、2歳児の場合は、実験室の中で模倣の上手な子どもは、お母さんと自由に遊んでいる時も、頻繁にお母さんの言葉の模倣をしていることが分かりました。また、模倣の上手な子どものお母さんも、自然と子どもの言葉の模倣をしていることも分かりました。2歳児の頃には、母親と子どものコミュニケーションという相互作用が、単語の力を促進していると考えられます。一方的にお母さんが子どもに話しかけるのではなく、また、無口で無視するのではなく、適度なコミュニケーション

が、言葉の模倣力、そして、単語力をつけるのです。

> ### 小学校英語・児童英語へのヒント4
> ### ―語彙力を伸ばすには反復が効果的
>
> 　単語を繰り返す力は、日常の会話の中でもつちかわれます。日本語・英語を問わず、2歳くらいになると「無意味語反復」（聞いた音をそのまま反復する）ができるようになります。2歳〜5歳の子どもは、ダイレクトに英語の音を吸収し、発音することが上手です。そこで、ご家庭でも楽しく英語を始めることが可能です。
>
> 　小学生の場合は、絵本読みをしている時に、繰り返し出てくるフレーズや文を、みんなで繰り返し言ってみると、楽しんで英語のチャンク（意味を成す語群）や文を発話できます。子どもの絵本は、繰り返しの表現がよく使われるので、何度も聞いて声に出すことで、単語も文も自然に覚えてしまいます。さらに、フレーズの一部を入れ替えれば、自分でお話を語る、「ストーリー・テリング」の第一歩になります。

✿ 英語母語の子どもに見られる文の発達過程

　日本語の模倣の様子を紹介しましたが、英語の獲得の様子を紹介しましょう。下記に紹介するように、母親の単語や文と全く同じ模倣ができる場合と、全文は言えないので一部を模倣する場合、さらに、模倣したフレーズに自分の言葉を付け加え

て、より長い発話ができるようになる例が見られます(以下の例はC.E.Snowの論文より引用)。

Exact Imitation(正確な模倣)
Mother：Let's see. 「ええっと」
Child： Let's see. 「ええっと」

Reduced Imitation(縮小された模倣)
Mother：Want some granola and yoghurt for breakfast?
「朝食に、グラノーラとヨーグルトを食べる？」
Child： Yoghurt granola.
「ヨーグルト　グラノーラ」

　初期の頃には、このように母親のフレーズや文の一部を取って模倣する例がよく見られます。

Expanded Imitation(拡大された模倣)
(1) Mother：You like jingle bells.
「ジングルベルが好きでしょう」
　　Child： Like other jingle bells.
「他のジングルベルも好きだよ」
(2) Mother：Mummy has to do pee-pee now
「トイレに行ってくるね」
　　Child： Nathaniel has to do pee-pee now too.
「ナザーニエルもトイレに行く」

このナザーニエルという子どものように、自発的にはこれほど長い文が話せなくても、お母さんの1文につられて模倣をし、さらに自発的なフレーズ、たとえばここではtooを組み入れて発話する傾向がだんだん出てきます。

> (3) Mother： Like you did last night, breaking it?
> Child： Break it? Break stick.
> Mother： Big stick.
> Child： Big stick[1]. Big stick.
> Big stick. Two stick[2].
> Mother： Two sticks[3], that's right.
> Child： Two sticks[4]. Big sticks[5].
> Mother： A big stick and a little stick.
> Child： Little stick[6].
> Mother： Where's the little stick?
> Show me the little stick. That's right.
> Child： Little stick blue[7].

(3)の例では、big stick[1]は、お母さんの模倣をして言えるようになったことを示し、さらに、two stick[2]が言える引き金になります。その後、お母さんがtwo sticks[3]と複数形で言うと、子どももtwo sticks[4]のように、複数形を真似て言えるようになります。すると、big sticks[5]のように、こちらも複数形にして言うようになります。その後、little stick[6]あるいはlittle stick blue[7]というように、形容詞をつけて言えるようになります。

模倣をして単語を組み合わせた句、フレーズの数も増え、これを自発的な発話に取り入れて、会話のトピックが途切れないようにしていることが分かります。

(4) Mother： (こどもをタオルでくるみながら)
　　　　　　 Oh, king Nathaniel.
　　Child： 　No king Nathaniel.
　　Mother：Is Nathaniel a king?
　　Child： 　No Nathaniel a king.
　　Mother：What's Nathaniel?
　　Child： 　No king Nathaniel.

　(4) の例では、否定文の使い始めの様子が見られます。お母さんが、「ナザーニエルは王様ね」というと、「ナザーニエルは王様じゃない」というのですが、これが No king Nathaniel. のように、Noから始まります。子どもにとっては、否定文のNoの響きが強いので、まずはNoをつければよいと、思うのです。2章で紹介した、三鷹市の小学校3年生の子どもも、同じような発話をしていました (p.45参照)。

ALT： 　　 Are you cold?
Students：No cold.

母語でも外国語でも、子どもが気がつく言葉のルールには、共通点があると思います。このように、子どもたちが気のついた英語文法を、大切にしてあげたいと思うのです。**「間違えてい**

る!」というよりは、むしろ、「よく気がついたね!」なのです。

> **小学校英語・児童英語へのヒント5**
> **――子どもが気がつく英語のルールを大切に**
>
> 子どもは、外国語の文法ルールに気がつくものです。これを使って、自発的にコミュニケーションしようとする態度を、ほめてあげましょう。文として正しい形でない時は、教師や親は自然な文にして、答えてあげましょう。相槌を打つように繰り返せば、子どもも自然に表現を覚えていきます。

✿ 家庭でもできる英語活動

その1 ―親の気持ちを安定させる歌を活用

子守唄を歌うと、赤ちゃんは眠りにつきやすいのはなぜでしょうか? 実は、お母さんの気持ちがリラックス、安定していて、ピッチやテンポが一定なので、赤ちゃんの心も落ち着きやすいと報告されています。子どもに語りかけるときの口調は、その日の気分によって変わりますが、子守唄を歌うときのピッチやテンポは一定になる傾向が強いのです。同様に、お母さんの気持ちがゆったりしているときに、一緒に英語の歌をお子さんと歌えば、子どもも楽しい気持ちで英語に親しむことができるはずです。

さらに、小学校英語の大きな目標には「コミュニケーション

能力の素地を養う」とありますが、「コミュニケーション」とは、情報を伝えあうことよりも、情感を伝えあうことが一番大切なのではないでしょうか。相手の気持ちを理解しようとする気持ち、自分の意思を伝えようとする気持ちが、コミュニケーションの土台を築きます。そのためにも、「人の話をしっかりと聞く」態度の育成が大切です。英語の絵本の読み聞かせを行うときにも、この態度が大切です。単語をよく聞き、絵をしっかりと見ることで、内容も分かってきます。

その2－テレビ・DVDは、必ず親子で一緒に

　ゲームをやり過ぎると落ち着きがなくなる、テレビの時間を制限した方がよい、などとよく言われています。実は、ゲームをやること自体、テレビやDVDを見ること自体が悪いのではなく、子どもを1人で放置することが問題なのです。子どもの生活の中で、可処分時間（睡眠・食事・入浴以外の余暇時間）に、親子の触れ合いを持つことが、心身の発達には必要です。0～3歳児の場合、可処分時間は約6時間（NHK放送文化研究所の幼児生活時間調査2003）と報告されていますが、その中で2時間以上も1人にしておくことは適切ではありません。

　日本人の親は、テレビなどを見るときに、子どもに声をかけない率が高いとも言われています。「おもしろいね」などと声をかけたり、歌を歌うときも、手遊びや踊りを一緒に取り入れれば、映像教材も受け身ではないコミュニケーション・ツールになります。知育系の映像教材は、理解力を高めるという報告もありますので、子どもの成長に合わせた稼働時間を考慮した

上で、こうした教材を取り入れたいものです。

その3 －絵本の読み聞かせの効果

　筆者は、英語活動の中で、絵本の読み聞かせを今後一層推奨したいと思っています。たとえば、ご家庭ではお母様がお子さんに、小学校では担任が児童に、あるいは、5～6年生が1～2年生に読んであげることもできます。読む方も、読んでもらう方も、楽しむことができます。

　言語習得の立場から言えば：
- 内容を推測しながら理解できる。
- 英語特有のリズムを身につける。
- 文脈の中で、自然に単語を増やせる。
- 絵本は繰り返しの表現が多いので、自然に文に触れ、声に出して言える。

　以上のように、絵本を使うことで、単語を音声上でも視覚上でも、自然に覚えることができます。これは、中学校に行ってから、本格的に読み書く学習に移るときに、単語を耳で聞いたことがあり、形もなんとなく覚えていれば、大きな助けになります。言語的な負担が減るでしょう。
　さらに、内容を推測しながら理解する、という過程は大切です。すべて日本語に訳すのではなく、**「わからないな～」という体験をすることが、むしろ大切**なのです。分からないけれども、ストーリーを追っていくうちに、「あ、こういう話だった

んだ!」というように、分かる時が必ずきます。この**成功体験を味わうこと**が、大切なのです。中学校の学習が始まって、長文を読むとき、聞くときも、分からないからあきらめるのではなく、分からなくても聞いていればきっと分かる! という期待感が持てるようになるからです。

　次に、発達の媒介として、内容理解の立場から言えば：
● 子どもの情緒発達を促す。
● 異文化理解に役立つ。

　外国語教育に限らず、母語を含めた言葉に関心を持ち、異文化を理解する気持ちが養われるのです。
　近年、単語のレベル別リーディング教材がたくさん出版されていますので、お子さんのレベルにあったやさしい読み聞かせからスタートすることを、お勧めします。

　子どもが学習するとき、それぞれの子どもによって、聴覚・視覚・触覚型学習ストラテジーがあると言われています。聞いて覚えることが得意な子ども、見て安心して覚えることができる子ども、書いて覚えることが得意な子ども。それぞれのお子さんの学習方法を見極め、常に無理をさせず、保護者も楽しいと思う方法で英語活動に親しむことをお勧めします。歌の嫌いな保護者が、子どもに歌を歌わせることはお勧めしません。お子さんの気持ちを見ながら、楽しく学習したいものです。学習は、一生続くものなので、あせりは禁物です。長い目で見てあげましょう。

小学校英語で活用できる絵本

以下のEric Carlによる最初の3冊は、現在小学校で使われている代表的な絵本です。

1. *Brown Bear, Brown Bear, What Do You See?*

動物や色の名前が学べ、繰り返し出てくる文をテンポよく一緒に読むことができます。教室では各動物のペープサート（紙に描いて切り抜いたもの）を作り、これを持ちながら発表することができます。

低学年～中学年向き。Henry Holth & Co. など

2. *From Head to Toe*

体の部分や動作を表す動詞表現が学べます。慣れてきたら、"Turn my head."（首を回す）や"Stamp my foot."（足を踏み下ろす）、"I can do it!"（私にもできる）などをジェスチャーをつけて言ってみましょう。

低学年～中学年向き。HarperCollins など

3. *The Very Hungry Caterpillar*

「はらぺこあおむし」の英語版。曜日、数、食べ物の名前が学べます。慣れてきたら "But he was still hungry."（でもまだお腹がすいています）の部分を、ジェスチャーも交えて声に出し

て言います。読ませたい場面にさしかかったら、黙って手を耳にあて聞くふりをして子どもの発話を促します。また、食べ物の部分も子どもだけに言わせましょう。さらに、"How many plums did he eat on Wednesday?" などとたずねることもできます。子どもが "How many" の意味を理解できなかったら、指を折りながら数えるまねをするなど、ジェスチャーを使って子どもに推測させましょう。

中学年〜高学年向き。Philomelなど

この他に、以下の本は劇にして役柄をみんなで演じることができます。

4. *The Gingerbread Man*

繰り返し出てくる、"Run, run, run, as fast as you can! You can't catch me. I'm the Gingerbread Man." を、歌うようにリズミカルにみんなで発音します。教室では、おばさん、おじさん、犬、ワニ、ジンジャーブレッドマン役をグループで決め、担当したせりふを練習します。ALTやJTEがナレーター役をつとめ、みんなで役になりきって語ります。

高学年向き。Scott Foresman-Addison Wesleyなど

5. *The Little Red Hen*

犬、猫、あひるのセリフは同じ文が繰り返されるので、慣れてきたら子どもにリピートさせます。その時、登場人物の鳴きまねや声のトーン、ジェスチャーなども合わせてリピートさせます。登場人物も少なく、短文で覚えやすい文章なので、劇仕立てにしやすいと思います。

高学年向き。Sandpiperなど

子どもたちが描いた動物の絵を見せながらの発表会の様子
（2005年　玉川大学にて）

6. *Oxford Reading Tree*

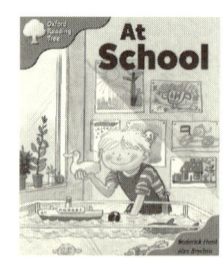

Oxford Reading Treeのシリーズは、イギリスの子どもたちの生活が垣間見られる話や絵がたくさん含まれています。これをクラスで読んだり、声に出して言ってみるだけでも、異文化に触れることができるでしょう。

CDもついていますので、このCDをかければネイティブの英語に触れることができます。
中学年〜高学年向き。

7. *Info Trail* シリーズ

　高学年には、*Info Trail*（Longman）という本もお勧めです。初級から上級と6ステージからなるノンフィクションの絵本です。History（歴史）、Geography（地理）、Science（科学）の3つのテーマに沿って、子どもたちの知的興味をそそるトピックが充実しています。こちらも、CDがついています。写真や絵をヒントに、内容を推測しながら読み進めることができるでしょう。

4章
小学校英語、これから

英語活動がまったく未経験な先生方が10人集まると、1人が「楽しみだ」、8名が「不安だ」、1名が「その他」を選び、たとえば、「他の教科も含めて指導することが多すぎて、子どもの負担が増える」というようなご意見が出てきます。しかし、いよいよ平成23年度から外国語活動が必修化になります。そこで、再度その悩みを検証し、具体的に解決例を挙げていきたいと思います。

　そこでまず、なによりも心に強く刻んでいただきたいことは、「3年間は辛抱してください！　必ず、3年経てば光が見えてきます。順調に小学校英語活動が進みます！」ということです。私はここ数年、複数の都市において、様々な小学校の研究授業や研修会に参加してきましたが、「とうとう英語活動をやめてしまった」という小学校は1つもありません。「英語活動は子どもが好きじゃないので、やめた方がよい」と言っている小学校も1つもありません。それどころか、試行錯誤した結果皆さんが口を揃えておっしゃることは、「子どもは外国語活動の時間が大好きです！　生き生きと、授業に臨んでいます」、「先生方も明るくなってきました。英語も、なんとか頑張っているうちに、声に出せるようになってきました」というものばかりです。そして、3年を過ぎる頃になると、私たち英語教師も驚くほど、先生方は教え方もお上手になって、各小学校独自の年間カリキュラム、あるいは小中一貫カリキュラムができてきます。工夫にあふれた指導案も提供されます。この事実を、まずはしっかりと認識していただきたいのです。「3年間頑張ってください。必ず外国語活動は軌道に乗ります！」と声を大にして言わせてください。

❁ だれが、教えるの?

　最終的には、担任の先生がお1人でも教えることができるようになるのが望ましいと思いますが、たとえば『英語ノート』においても、TT(Team Teaching)で教えるように指導書は書かれています。コミュニケーションの楽しさを教えるのであれば、これは自然なことです。1人では、自然な会話は成り立ちません。

　そこで、T1として担任、T2としてALT (Assistant Language Teacher) が入るのが一般的ですが、ALTが外国人である場合、すべての授業をALT1人に任せしてしまう可能性が高いのが現状です。もちろん、子供にとっては外国人が学校に来てくれて、パワフルな授業を展開し、その中で一言でも英語が通じれば、その嬉しさ、喜びには目を見張るものがあります。コミュニケーション能力の素地を養い、コミュニケーションの楽しさを体験するという小学校英語の目的が一番見えやすい授業体験だと思います。外国語、異文化を体験させる上で、ALTが非常に重要な任務を担ってくれているのも事実です。

　しかし一方で、どうしても外国人の先生方とは意思疎通が取りにくい、カリキュラムに沿った授業をしていただけない、授業について相談する時間もない、という不満があるのも現状です。もちろん、すばらしいALTがいらっしゃる場合はそれでも授業はうまくいきますが、残念ながら、ALTにお任せの小学校では多くの問題を抱えています。

　第1に、ALTが小学校というような学校現場で教えることに慣れていないために、カリキュラムを無視し、年間指導計画も

4章 小学校英語、これから

参考にしないで、その日、その場で、自分が知っている楽しめるゲームだけを適当に教えている方がいます。これでは、5年生と6年生がいつまでも同じ内容だったり（慣れないうちは、学年が異なっていても内容は統一して同じものを教えることは勧められるアプローチですが）、1年間やっていてもまるで進歩が見られなかったりと、学習効果は望めません。楽しむ＝外国語活動、という考え方は誤解で、「体験的に学びましょう！」と学習指導要領は呼びかけていますが、「遊びましょう！」とは言っていません。ALTを安定的に供給することや質のばらつき、費用の確保にも問題があり、主体性、系統性、継続性が少ないため、成果が期待できない場合があることも事実です。ALTに対する研修も、派遣会社サイドで十分に行われているとは言いがたい状況にもあります。

　第2に、ALTが上手に教えているのを見ると、上手に教えているほど担任は自分の英語力が気になって、英語の授業はできないと感じることがあります。英語力がないからとてもALTの真似はできない、とあきらめてしまうのです。また、ALTに対して教え方や内容について希望や意見があっても、うまく伝えられなくて苦労している担任の方も多いことと思います。

　そこでお勧めしたいのが、近隣に住むJTEを探すことです。地域に住んでいて、英語や子どもにかかわったボランティアをしてみたいと思っている方にお願いしてみましょう。あるいは、2章で紹介したJ-SHINE（小学校英語指導者認定協議会）の資格を所有している方に声をかけてみることも可能でしょう。J-SHINE協会に登録している方々であれば、小学校で教えた経験がありますので、子どもたちを教えることに多少慣れ

ていますし、英語力もあります。ALTと担任の橋渡しの役割も果たしてくれるでしょう。あるいは、近隣に大学があれば、英語を勉強している学生、あるいはJ-SHINEの資格取得を目指す学生を派遣してくださるようにお願いすることもできます。学生が教えている姿を見れば、このくらいであればできるかな、と自信が出てくると思います。学生は、小学校のプロの先生方から見ればやはり素人なのです。しかし、たとえつたない英語でも、一生懸命に教えようとしている姿を見れば、私の英語力でもなんとかなる！　と思えるようになると思います。うますぎないモデルを見ること、あるいは、日本人が英語を使って小学生に教えるモデルはとても参考になると思います。ぜひ、TT（Team Teaching）から始めることをお勧めします。初めから1人で英語の授業を担当しようとすれば、負担に感じます。

左から、担任、ALT、大学生のJTEが参加している授業風景
（町田市南大谷小学校にて）

コラム1：JTEとして大学生を活用

近隣に大学があれば、学生の派遣をお願いします。

たとえば玉川大学リベラルアーツ学部では、J-SHINE（小学校英語指導者認定協議会）の資格を利用して小学校で教えられる大学生を養成しています。J-SHINEは2003年に設立されたNPO団体であり、この協議会に認定された大学や民間の英語教育機関、海外の語学学校等が、基本となる共通のカリキュラムのもとに、それぞれの場で研修を実施しています。

玉川大学のJ-SHINEコース研修概要は以下の通りです。

1. 授業で、言語学の知識や母語・第2言語獲得の過程について学ぶ（児童英語や英語学概論など4科目8単位、すなわち最低でも15時間×4＝60時間の学習と訓練）
2. 授業で、小学校で英語を教えるためのトレーニングを受け、英語の教授法を身につける。歌やチャンツを覚え、英語のゲームができるようにする。教室英語を学び、簡単な対話を英語で行えるようにする。
3. 大学のキャンパス内で、小学校教員・民間人・保護者など社会人と共に学ぶチャンスを持つ。たとえば、教育委員会と共催する教員対象公開講座（外国語活動のための講座）や英語教育・言語獲得研究にかかわるシンポジウムなどに出席・参加し、運営を手伝う。
4. 先進的に小学校英語を実践している小学校を見学したり、小学校で実際に子どもに出会い、教えてみる実習の機会を持つ（50時間以上）。

コラム2：JTEになる大学生の養成のための活動

　補助的であっても小学生を実際に教えるので、それなりのスキルや覚悟が必要です。筆者は、たとえば次のように学生を養成しました。

1. 大学生自身が中学時代に楽しい英語学習を体験しているとは限らないので、歌やゲームなど、子供が体験することになる楽しい活動をまずは体験させる。
2. 英語だけの授業で子供が感じることを体験させるために、英語のみによる授業に慣らす。
3. 歌やチャンツ、絵本の読み聞かせなどを練習させる。
4. 自分で指導案が立てられるようにする。
5. ペア又は3人組みにして、誰とでも教えられるように繰り返しTT（Team Teaching）の練習をさせる。
6. 授業で使用するCD・DVD・絵本や自作の絵カード・ポスターなどの教材を用意させる。
7. 指示語やほめ言葉などの教室英語を練習させる。

コラム3：地域の教育委員会との連携

　こうした大学生の実習が可能になるためには、教育委員会との協力・連携が欠かせません。まずは、教育委員会に実習の意義を説明し、許可をいただきます。さらに連携が進めば、大学生が教員研修の実施やカリキュラム作成のお手伝いをすることもできます。

コラム4：JTEとしての民間人の研修・派遣

　長い間自宅や塾で英語を教えてきた方や、すでにJ-SHINEの資格を取っていて小学校で教えたいと考えている民間の方が多くいらっしゃいます。そうした方々に、玉川大学ではお声をかけて登録していただきました。公開講座も含めて、1年間に3回大学で研修を受けていただき、最新のカリキュラムや教え方などを研究します。その後、JTEを募集している小学校があれば派遣をしたり、教育委員会と連携して各小学校に春と秋に教え方やカリキュラムの説明もかねて研修に行っていただいたりします。すでに経験もあり、長く英語活動に携わっていらっしゃるそうした民間人の方々は熱心で、人によってはご自分たちのお子さんも小学校で受けることになる外国語活動の推進には大いに意欲があります。こうした方々をJTEとして各小学校に配置できれば、スムーズに外国語活動も始まることでしょう。

❀ 教材は何を使うの？

　すでに研究指定校や教育特区の指定を受けて、小学校英語活動を導入してきた小学校では、独自のカリキュラムや教材を用いて教えているところも多いことと思います。先生方が集まり研究会を開き、公開授業も行い、そのたびごとに改訂、改良してきた教材は、教え方も定着してきて教えやすいと思います。そうした小学校にとっては、2009年4月から『英語ノート』が配布されたことは、やや重荷に感じられているのではないで

いでしょうか。『英語ノート』は、いわゆる「教科書」ではないので、必ず教えなければならないという内容ではありません。当初文部科学省も、必ず使ってくださいとは言っていませんでした。むしろ、今までに活動経験がなく何を使ってよいか分からない、あるいは、教材は高くて購入することが難しいという小学校や先生方に、役立つものとして作られたのです。

しかし、実際には全国で小学校外国語活動中核教員研修会が始まり、各研修講師は『英語ノート』に沿った指導が期待されました。また、『英語ノート』の内容は、当然のことながら学習指導要領に沿った小学校英語活動の内容を具現化しているものであり、これを無視することはできません。各中学校の教員もこの内容を見て、小学校での英語活動を把握しようとすることでしょう。

そこで、問題は2点あります。第1に、『英語ノート』が導入されたことで、使いなれた教材とどのように調和を取っていくか、第2に、そもそも『英語ノート』の利点、問題点は何かです。そこで、まず『英語ノート』について考えてみましょう。

[『英語ノート』の特徴と使い方]
『英語ノート』の特徴は、吉田研作氏（上智大学教授）も『21年度から取り組む小学校英語』（教育開発研究所）で指摘している通り、次のようにまとめられます。
①語句や基本的な表現を導入するだけではなく、ジェスチャーやゲームを取り入れて、英語によるコミュニケーションの楽しさを体験することを目的としている。

②CDを使ってリスニングをしたり、アクティビティで英語を話したりする工夫がされている。
③英語によるコミュニケーションの楽しさを味あわせるために、単なる繰り返しではない、よりオーセンティックな、すなわち、必然性のある(筆者佐藤の意見)コミュニケーション活動が含まれている。
④CDを使って歌やチャンツを通して、英語の音声やリズムに慣れ親しみ、基本表現を練習できる。
⑤日本と外国の生活や習慣、行事の違いを理解させるために、世界の国の挨拶、衣装、食事、数の言い方、文字、行ってみたい国、世界の時間など、さまざまな内容が含まれている。

　全体の印象としては、リスニングに関するアクティビティが多く、中学校のアクティビティと類似した感はありますが、学習指導要領の内容が具現化されている内容です。
　問題点としては、第1に、これに付帯資料として『英語ノート指導案』が用意されていますが、非常に難しいという印象を与えることです。まず、T1(学級担任)もT2(ALT)も、指示はすべて英語で行われています。その種類も、2章の「教室英語、まずこれだけ覚えましょう」でご紹介した表現ではとても間に合わないほどの、やや高度な表現が含まれています。
　たとえば、6年生の『英語ノート2』のLesson 1の指導者の表現例として、次のものが挙げられています:

- Use one set of alphabet cards for each group.
- Spread the cards out on your desks.
- Touch the alphabet card that I say.

- Try to take the card that I say.
- The first student goes back to their group and says the same three letters to the next student.
- The last student takes the letters from the alphabet cards and comes to the blackboard.

これを見ただけで、ちょっと無理！と思われる担任の先生方もいるのではないでしょうか。これは、いわゆるクラスルーム・イングリッシュ（教室英語）と呼ばれる授業運営に関する指示語ではありません。アクティビティの内容を、説明している表現です。こうした表現は慣れてきたら使えますが、まずは、「教室英語、まずこれだけ覚えましょう」にリストアップしたような、運営に関する指示語にとどめた方が生徒にとっても分かりやすいと思います（p.92参照）。

第2の問題点としては、目標はよく理解でき、コミュニケーションとしても必然性はありますが、この『英語ノート』の通り進めると、子どもにはやや難しいと思われる箇所がいくつかあります。たとえば『英語ノート2』のLesson 4は、「Can you ～？の表現を使って相手の話を積極的に聞き、何ができ、何ができないかを理解しようとする」という単元です。扱う表現としては次のものが挙げられています：

- Can you ～？
- Yes, I can. / No, I can't.
- I can play soccer very well.
- I can make an omelet.
- I can play the piano.

4章 小学校英語、これから

- I can play kendama very well.
- I can swim.
- I can play table tennis
- I can play baseball.
- I can ride a unicycle very well.
- I can play the guitar.

『英語ノート 2』 p.26 より

以上の表現をCDで聞いたのち、ペアでお互いに何ができるかをたずね合うアクティビティが続きます。上記の例では、swimというように動詞1語だけのこともあれば、play soccer、play baseballのように冠詞なしのスポーツが続くこともあり、また、play the piano、play the guitarのようにtheの後に楽器の名前が続くこともあります。聞き取りはできるでしょうが、これを相手にたずねる作業としていきなり行うと、子どもは難しいと感じるでしょう。毎回、先生の言うことを口マネするだけになりかねせません。といっても、これを毎回訳したり、文法の説明をしたりするのでは、小学校英語の意図に反します。そこで、たとえばスポーツの例を皆で言い合って楽しんだのち、楽器の名前を入れて言ってみる。そこで、何が違うのか、子どもたちに考えさせることも必要です。子どもは、推測したり、考えたりすることで、より記憶に留めることができます。教え込まずに、考えさせることが大切です。スポーツの時と楽器では何かが違う？　これを教えるのではなく、子どもに気づかせましょう。疑問に思い、「なんか、ダ（the）がついている時とついていない時があったように思う」と質問してきた子どもがいたら、授業の最後に日本語で一言、「'the guitar' みたいに、楽器の前には'the'がついていたね。よく気がついたね」と、一言言えばよいと思います。それ以上の説明は、中学校に任せます。子どもの方で気がつかなければ、その説明さえ必要ないと思います。

　また、『英語ノート』のCDには繰り返し練習する部分はついていないので、こうした練習は、リズムに乗ってチャンツ風に、先生がモデルを示しながら繰り返し言ってみるとよいでし

ょう。英語は、聞いただけでは声に出して言えるようにはなりません。まずは全体で、次に列で、そしてペアで、というように、だんだんに小さなグループ単位で口に出して繰り返し言わせてみましょう。それから、ペアになって本当に聞きたいことをたずね合います。その後、クラスの中でインタビュー・ゲームをしながら、多くの友達にたずねることもできます。これが、オーセンティック、あるいは、必然性のあるコミュニケーションにつながります。「ピアノは弾ける？」「わー、ギターが弾けるんだ!」「1輪車に乗れるんだ!」と、積極的にたずねたり、友達について知らなかったことを理解することができます。

そこで大切なことは、『英語ノート』や『英語ノート指導案』を、Lesson 1から順番に教える必要はないということです。すべてのアクティビティをこなそうと思うと、つい上記の例のように文法を説明したくなったり、訳したくなったりするでしょう。「このアクティビティはクラスの興味やレベルに合うかな？」「このくらいの指導なら、自分でもできるかな？」と思う箇所から、始めてみてはいかがでしょうか。CDに合わせてチャンツで導入する部分は楽しく、英語のリズムや音に慣れるよい練習になります。これならば、先生方の英語力も関係ありません。子どもと一緒に声に出して英語を話しているうちに、先生方の英語力も確実に上がってくるはずです。

さらに、このLesson 4の例で言えば、Can you 〜？を使った場面を考え、この会話が成り立つような必然性を加えたコミュニケーションに発展させることもできます。たとえば、Step3方式で、以下のようなモデルを子供たちに聞かせて、コミュニケーションの楽しさを感じさせます。

例：
▶ Step 1

A : Look! I can ride a unicycle.
　　「見て！ 一輪車に乗れるよ」
B : Wow. Great! 「わー、すごい!」
A : Can you do it? 「できる?」
B : No, I can't. 「できない」
A : <u>Try!</u> 「やってごらん!」
B : <u>Ouch!</u> 「痛っ!」

　ここでは、一輪車に乗るという小学生ならではの基本的な表現が含まれるモデルを提示しています。Try! 「やってごらん!」Ouch! 「痛い!」というような表現も、こうした場面ではありそうな表現ですね。

▶ Step 2

A : Look! I can ride a unicycle.
B : Wow. Great!
A : Can you do it?
B : No, I can't .
A : Try!
B : <u>OK.　Wow! I did it!</u> 「オーケー。わー！ できた」
A : <u>Great!</u> 「やったね」

　Step 2は、前半はすべてStep 1と同じですが、下線の部分だけが異なります。「できた！」という表現も子どもは使ってみ

たいだろうと思います。さらに、Step 3を示すこともできます。

▶ **Step 3**

A：Look! I can ride a unicycle.
B：Wow. Great!
A：Can you do it?
B：No, I can't .
A：<u>OK. I'll show you how.</u>
　「分かった。やり方を教えてあげる」
B：<u>Thank you.</u>　「ありがとう」

　下線の部分が新しく加わった部分です。子どもたちが、こうした場面では言ってみたくなる表現を加えています。こうしたバラエティをTTでやってみせることで、自分たちでもやってみたいと感じてくれることでしょう。

❀ 『英語ノート』と既存の教材を、どのように使いこなすか？

独自のカリキュラム・教材を使用している小学校にお勧めする方法

　すでに数年来使いこなしている教材やカリキュラムを持っている小学校では、学習指導要領の指導の理念と独自案の内容を確認し、たとえばアクティビティの一部に『英語ノート』のタスクを導入するなど、必要に応じてカリキュラムを変更することをお勧めします。授業の流れの中のどこか1か所のスロット／フレームにだけ『英語ノート』のアクティビティを入れるのであれば、無理なく始められます。吉田研作氏は、「独自カリキュラム、シラバスを補完する投げ込み教材として使用しては」と話していらっしゃいましたが、私もその案に賛成です。

　『英語ノート』が導入されたので、これを中心のカリキュラムに全面的に切り替えようとすると、現場では混乱が生じます。実は、私にもこの経験があります。欲張って全面的に『英語ノート』のアクティビティを授業の中に入れようとすると、従来のルーティン（routine）が崩れます。教え方の順番をくずすと、先生方自身もガイドブックを見ながら教える羽目に陥り、生き生きとしたコミュニケーションが取れなくなります。

　そこで、『英語ノート』のアクティビティを毎回1つか2つくらいを目途に導入していきましょう。これならば、従来のカリキュラムや指導案に少し工夫するだけで行えます。たとえば、1章で紹介したカリキュラムの例を使って説明しましょう。

4章 小学校英語、これから

　筆者が町田市などに最初に提供したカリキュラムは、1章で紹介したように、おおよそ次のルーティンに従った「骨太指導案」と呼ばれるもので、指導の流れはほぼ毎回同じです。すなわち、以下の流れです。

【授業の流れ：教え方の手順】
1. 初めのあいさつ
2. 歌とチャンツ
3. コミュニケーション・タイム
4. 絵本の読み聞かせ
5. おわりのあいさつ、振り返り活動

主な活動は、以下の通りです。
1. 「初めのあいさつ」では、♪Hello Songを歌う。
2. 「歌とチャンツ」では、今月の歌やチャンツを用い、英語の音やリズムに慣れる。
3. 「コミュニケーション・タイム」ではゲーム等も取り入れながら、基本的な表現に触れたり友達とコミュニケーションを楽しむ。
4. 「絵本の読み聞かせ」の時間では、ALTにお願いしたり、CDを利用したりして絵本の読み聞かせを行う。その後絵本の内容についてALTと話したり、絵本の一部を声に出して言ってみたりする。異文化に体験的に触れることができる。
5. 「おわりのあいさつ、振り返り活動」では、今日のクラスで学習して興味を持ったところ、分からなかった点などを、5分ほど日本語で話し合う。そして最後に♪Good-bye

Songを歌う。

全学年を通してこの流れでスタートすれば、担任の先生方もすぐに教えることに慣れます。

　さて、独自のカリキュラムをお持ちの小学校も、類似した授業の流れに沿って活動を展開していると思います。その流れの中の1つのフレームに、『英語ノート』のアクティビティを導入します。

♥【歌とチャンツ】から【コミュニケーション・タイム】へ

　たとえば、手順2の「歌とチャンツ」に『英語ノート』のチャンツを導入します。これを使って、手順3のコミュニケーション・タイムの基本表現へと導くこともできます。

　CDをかけて1曲ずつクラス全体でチャンツを行い、その中で大切な基本的表現をクラス皆で声に出したり、その文を使ってインタビューをし合えば、コミュニケーション能力の素地を養うことができます。『英語ノート』にはたくさんチャンツが含まれていて、このリズムに乗って練習すると、自然に対話ができる仕組みになっています。

例：『英語ノート2』 Lesson 5
手順2：(CD31) 歌とチャンツ
♪ Where is the station? ♪

> F : Where? Where? Where is the station?
> M : Go straight. Go straight. Go straight. Turn right.
> 　　Go straight. Go straight. Go straight. Turn left.
> 　　Here, here. Here is the station.

このチャンツに慣れたところで、リズムを外してコミュニケーションのモデルをStep 3方式で示します。

▶ Step 1

A：Where is the post office? 「郵便局はどこ？」
B：Go straight. Turn right.
「まっすぐ進み、右に曲がって」
A：Where is the bookstore? 「本屋はどこ？」
B：Go straight. Turn left.
「まっすぐ進み、左に曲がって」

チャンツで導入した基本的表現を使って、コミュニケーションに発展させることができます。上記の表現を、アクションをつけながら演じてもいいし、『英語ノート』に出ている絵を使ってゲーム的に行うこともできます。たとえば、

A：Where is the post office?
（郵便局のカードを児童に見せながら言う）
B：It's here.「ここですよ」
（と言いながら、地図の郵便局を指す）

A：Where is the bookstore?
（本屋のカードを児童に見せながら）
B：It's here.
（と言いながら、地図の本屋を指す）

次に、Step 2です。実際のコミュニケーションの場面を考えれば、いきなり道をたずねれば相手も驚くでしょう。ふつうは、「すみませんが…」と声をかけてから道を聞きますね。これを盛り込んで、次の表現をモデルとして演じて見せます。

▶ Step 2

A : <u>Excuse me?</u>
B : <u>Yes?</u>
A : Where is the bank?
B : Go straight.　Turn right.
A : <u>Oh, thank you</u>.
B : <u>You're welcome</u>.

「すみませんが」と声をかけて会話が始まり、最後はお礼を言って終わります。TTで演じて見せた後に、子どもたちにもやらせましょう。

▶ Step 3

A : Excuse me?
B : Yes?
A : Where is the bank?
B : Go straight.　Turn right.
A : <u>Go straight.　Turn right?</u>
B : <u>That's right</u>.
A : Oh, thank you.
B : You're welcome.

海外旅行をして、道を聞いた経験のある方は、その経験を思い出してください。一度で道順を説明されても、なかなか聞き取れないものです。そこで、Step3の下線部の表現が役に立ちます。相手の言ったことをそのまま反復してみます。これは、コミュニケーションの流れとして、自然な流れです。

▶ Step 4

A：Excuse me?
B：Yes?
A：Where is the toilet?
B：I'll show you. It's over there.
A：Thank you.
B：（少し歩いてから）It's here.

さらに、学校に初めて来たALTを案内する場面での会話にも発展できます。親切に案内するパターンです。

以上のように、普通に感じられるコミュニケーションの流れを、英語でも子どもたちに経験させる過程を通して、いわゆるコミュニケーション能力を養いたいものです。

♥【絵本の読み聞かせ】

独自カリキュラムを持っている小学校にぜひお勧めしたいのが、絵本の読み聞かせです。絵本の読み聞かせを子どもたちは大好きです。ALTの先生の声に耳を傾け、あるいはCDと一緒に声に出してキーワードや表現を声に出して言ってみることも

できるでしょう。

　絵本は、繰り返し同じ文が出てくるものや、身近な話題でストーリーが分かりやすいもの、絵の内容がお話と一致しているものを積極的に選択します。子どもは単語に耳を傾け、絵を見ながらストーリーを推測するので、文と絵が一致していない絵本は内容の誤解を生じます。低・中学年の導入では、*Brown Bear, Brown Bear, What Do You See?*のように、機械的に文の繰り返しが含まれているものは扱いやすいでしょう。英語の音やリズムになじむのには適しています。しかし、高学年ではストーリー性のあるものを選びましょう。たとえば、Oxford Reading Treeのシリーズはお勧めです。イギリスの家庭や学校を舞台に、家族や友人が出てくる日常的によくある話は、絵

Kipper was sorry.

Oxford Reading Tree：*The Toys' Party* より

本の世界を通して異文化を体験できます。たとえば、左下のシーンのように何気なく描かれていれる台所―キッチンの様子からも、オーブンの隣にドラム式洗濯機が置かれていて、イギリス家庭ではキッチンに洗濯機が置かれているのが一般的なことが分かります。お父さんやお母さんがバスローブを着て家の中を歩くシーンを見れば、衣服のことも学べます。公園の様子が描かれていて、日本と同じような乗り物や、少し変わった遊具を見ることでもできるでしょう。保育園で遊んでいる様子を見ても、イギリスの子どもはこんなことをして遊ぶんだ！　と、異文化を体験的に理解することができます。

　絵本に親しむことの利点を、下記にまとめてみましょう。
▶興味を持って注意して、集中して聞くことができるようになる。
▶口頭発表は「表現力」や「劇」の練習にもつながる。
▶担任が児童に、5、6年生が1、2年生に読めば、堂々と人前で話す習慣の訓練にもなる。
▶内容を推測しながら理解する、考える訓練につながる。
▶英語特有のリズムを身につけることができる。
▶文脈の中で、自然に単語を習得できる。
▶絵本は繰り返しの表現が多いので、自然に基本的な文表現に親しみ、声に出して発表できるようになる。
▶異文化埋解を体験できる。

新規に英語活動を始める小学校にお勧めする方法

　まずは、先にご紹介した「骨太指導案」のような大きな指導の流れを決めることをお勧めします。次に、『英語ノート』を使った方法を紹介します。これからカリキュラムやシラバスを作成する小学校では、『英語ノート』をモデルとして使うこともできます。その場合も、すべてのアクティビティをこなす必要はありません。

【授業の流れ：教え方の手順】
1. 初めのあいさつ
2. 歌とチャンツ
3. コミュニケーション・タイム
4. 絵本の読み聞かせ
5. おわりのあいさつ、振り返り活動

♥【歌とチャンツ】

　たとえば、【授業の流れ：教え方の手順】の2「歌とチャンツ」の個所に、『英語ノート』に出てくる歌やチャンツを利用します。歌は残念ながら多くは含まれていないので、他のCDを使って歌をさらに導入してもよいと思います。チャンツはたくさん含まれていますが、こちらは高度なものもあるので、まずはやさしいものを繰り返しやってみましょう。高学年の子どもたちは、歌よりもこのチャンツを喜びます。

例:『英語ノート1』 Lesson 2
♪ Hello Song（CD 11）ジェスチャーをつけて!
Hello. Hello. Hello, how are you?
I'm fine. I'm fine. I hope that you are, too.

　以上の歌詞の他に、I hope that you are, too. の部分を、I'm fine, thank you. And you? のように変えれば、変化ができてきます。この曲は、【授業の流れ：教え方の手順】の「1. 初めのあいさつ」の個所で、毎回歌うこともできます。

　あるいは、『英語ノート』の文を言わせるチャンツの前に、以下に紹介するような単語だけを言わせる「バナナチャンツ」の導入はお勧めです。9歳以降に英語を始めた場合は、5、6歳で英語を始めた場合と、単語を反復した時に異なる状況が見られます。筆者の調査では、2歳〜5歳くらいまでは日本語で初めて聞く無意味語（たとえば、「かがみ」の語尾を前に出して「みかが」、「まつだいら」の語頭を後ろにおいて「つだいらま」などの新奇語）を反復させた場合と英語の単語を反復させた場合は、音声の処理過程に共通する部分が見られます。すなわち、日本語の無意味語の反復が上手にできる子どもは、英語の単語も上手に反復できます。幼いときは、母語と外国語の違いにかかわらず、同じように音声処理している傾向が見られます。しかし、8歳くらいになると、この過程に変化が見られます。母語と英語の反復力には、関係が見られなくなります。英語を学習している年数が長く単語をたくさん知っている子どもは、英語の反復が上手です。一方、英語を学習した経験のない子ど

もは、反復が上手にできません。

　特に高学年になると、日本語の音の干渉が見られます。'puzzle'[pʌzl]は「パズル」[pazulu]のように、母音が挿入されて日本語風になります。'baby'[béibi]も「ベービー」[beːbiː]のように、[ei]という2重母音ではなく、[eː]のように長く伸ばした長音になってしまいます。日本語の影響が強く見られます。

　そこで、カタカナ語の音と英語の音は違うよ！ということを強調するために「バナナチャンツ」を導入します。これは2拍子のリズムを取りながら、まずは担任が「バナナじゃなくて」と日本語発音で導入します。その後、もしALTがいれば、'banána'としっかりとアクセントをつけて発音してもらいます。その後に続いて、子どもたちが'banána'と発音を繰り返します。

　2拍子で手をたたきながら以下のようにやってみましょう。

担任：バナナじゃなくて
ALT：Banana
子ども：Banana

【バナナチャンツ】
カタカナ英語と英語の音は違うよ！
バナナじゃなくて	banana
パインじゃなくて	pineapple
オレンジじゃなくて	orange

ビーフじゃなくて	beef
スパゲッティじゃなくて	spaghetti
サラダじゃなくて	salad
カレーじゃなくて	curry
ハンバーガーじゃなくて	hamburger
ホットドッグじゃなくて	hot dog
ハムじゃなくて	ham
ベーコンじゃなくて	bacon
ポテトじゃなくて	potato
ポテトチップスじゃなくて	potato chips
コーヒーじゃなくて	coffee
ビールじゃなくて	beer
ミルクじゃなくて	milk
ウォーターじゃなくて	water
マヨネーズじゃなくて	mayonnaise
マーガリンじゃなくて	margarine

『きょうから私も英語の先生！ 小学校英語指導法ガイドブック』より

　このバナナチャンツは、『英語ノート』に載っているアクティビティを使って応用・発展が可能です。この例は、八王子市七国小学校の相川先生の授業で紹介されていました。『英語ノート2』のLesson6（p.37）に、「CDを聞いて、□に番号を、（　）に国名を書こう」というアクティビティがあります。ここに出てくる国名やpp.42-43に載っている国名を利用して、

バナナチャンツの手法を取り入れて国名を練習します。

【国名チャンツ】

カタカナ英語と英語の音は違うよ！

ブラジルじゃなくて	Brazil
オーストラリアじゃなくて	Australia
アメリカじゃなくて	America
イタリアじゃなくて	Italy
エジプトじゃなくて	Egypt
ギリシャじゃなくて	Greece
スペインじゃなくて	Spain
フランスじゃなくて	France
韓国じゃなくて	Korea
中国じゃなくて	China

　こうして、単語を導入すれば、英語の音に注意を向けることがスムーズにできるでしょう。

♥【コミュニケーション・タイム】
　【授業の流れ：教え方の手順】の3「コミュニケーション・タイム」では、手順2で使ったチャンツを用い、リズムを外して普通に話しかけるように声に出してみます。そして、慣れてきたらクラス全体やペアで、お互いに質問し合ってみます。たとえば、「歌とチャンツ」(P.145)で紹介した♪Hello Songを、AとBの2人の会話として演じます。

▶コミュニケーションへの発展活動例 1

A：Hello.
B：Hello.
A：How are you?
B：I'm fine, thank you. I hope that you are, too.

　これを、応用・発展させると、他の歌も同様に会話に発展させることができます。：

例：♪　Hello, Hello, What's Your Name?（歌）
Hello, hello, what's your name?
What's your name? What's your name?
Hello, hello, what's your name?
My name is _____.

▶コミュニケーションへの発展活動例 1

A：Hello.
B：Hello.
A：What's your name?
B：My name is _____. Nice to meet you.
A：Nice to meet you, too.

　ここで、「自己紹介をするときは、まず自分から名前を言った方がいいね」と一言。これも異文化理解です。そこで順番を入れ替えて、

> A : Hello.
> B : Hello.
> A : My name is _____. What's your name?
> B : My name is _____. Nice to meet you.
> A : Nice to meet you, too.

　さらに、いつも元気とは限らないので、I'm tired/hungry/sleepy/angry. を返答に加えてみましょう。

▶コミュニケーションへの発展活動例2
（相手の思いに応える）

> A : Hello.
> B : Hello, how are you?
> A : I'm fine.
> B : Fine. あるいは Good. （よかったね、の意味）
> A : How are you? （ここではyouを強く発音）
> B : I'm hungry.
> A : Oh, really?

　コミュニケーション活動では、このように短い文を交互に言います。表情やジェスチャーで気持ちを表しながら発表することが大切です。sleepyならば目をこすって眠そうに、hungryならばお腹を押さえながら話します。気持ちを通わせるのが、コミュニケーションの第一歩です。
　以上のように、【歌とチャンツ】で行った活動を【コミュニケーション・タイム】に発展させていくと、スムーズに活動に

入れます。

あるいは、【国名チャンツ】で練習し、『英語ノート2』で紹介されている国旗や国名の理解にかかわるアクティビティを導入することも可能です。

▶コミュニケーションへの発展活動例1

A：Hello. My name is Ken.
B：Hello. My name is Robert.
A：Where are you from?
B：I'm from Australia.
A：Where is it?
B：It's here.（と言って、地図で国を指します）

Australiaの部分に、手順2のチャンツで練習した国名を次々入れて、前に2人ずつ出てきて演じさせます。地図を黒板に張り、指し棒で場所を指させます。子どもはギリシャなどの国は意外にどこにあるか分からず、皆で探して盛り上がります。

例：『英語ノート2』 Lesson6
♪ Let's go to Italy!!（CD46）チャンツ

Look. Look. Look at this.
Green, white and red.
I want to go to Italy.
In Italy, I want to eat pizza.
I want to play soccer.
Yes. Yes. Yes, let's go.

このチャンツをする前に、黒板に張った地図を指さしながらThis is Italy.と国の場所を紹介したり、国旗を見せながらイタリアを紹介し、イタリアへの関心を持たせます。

▶コミュニケーションへの発展活動例１
　A：I want to go to Italy.
　　　In Italy, I want to eat pizza.
　B：I want to go to Italy, too.
　　　In Italy, I want to play soccer.
　AとBで一緒に：Yes, let' go.

　このように、手順２と３の内容をリンクさせながら、１回の授業で１つのチャンツとアクティビティを導入します。最初は欲張らないことが成功の秘訣です。欲張り過ぎると、子どもの負担になります。

❤【絵本の読み聞かせ】
　手順４の「絵本の読み聞かせ」ですが、特に高学年はぜひ絵本を取り入れ、ALTやJTEが来たときに導入してみてください。担任は、ALTやJTEの読み聞かせを見ながら質問の仕方などをゆっくりと、だんだんに学んでいきましょう。ALTやJTEと本の内容について話し合うことが、生徒のコミュニケーションへの意欲・関心・態度の育成につながります。また、子どもたちが少しずつ声に出して文を言えるようになれば、ストーリー・テリングを英語でできるようにもなるでしょう。皆の前で堂々と語れるようになることは、小学生にとってはぜひ身につ

けたい態度です。最初は恥ずかしいと思うこともあるでしょう。しかし、人前で堂々と話す態度こそが、将来外国語が上達する第一歩だと思います。恥ずかしがったり、黙ったりしていては、コミュニケーションは成立しません。どの教科においても、この態度は大切です。ぜひ、外国語活動の時間で身につけさせたいものです。

3年生に読み語りをしている6年生（町田市立南大谷小学校）

左からALT、担任、ボランティアの大学生（南大谷小学校）
表情たっぷりに、絵本の読み聞かせを行っているALT

たとえば、Oxford Reading TreeのToys' Partyから、次のように繰り返し使用される表現（He put in 〜.）を抜き出して、声に出して言ってみます。

He put in cornflakes.　　　　　　He put in tomato sauce.

Oxford Reading Tree：*The Toys' Party*より

その後、たとえば以下のようなワークシートを作り配布します。6年生になると、文字への関心が高まります。まずは、□

に出して口頭で基本的な表現になじむことが主な活動ですが、以下のようなワークシートを配り、文字を見せることも興味を喚起させます。しかし、単語のスペリングを覚える必要はありません。このくらいの年齢の子どもは、単語全体を見ているだけで覚えるものです。単語に視覚的ななじみを与えておけば、中学校に行った時に、より楽にスペルを覚えることができると思います。担任はALTの後について、文字の部分を指で指しながら、大きな声で皆で読んでみましょう。

> The Toys' Party
>
> Kipper wanted a cake.
>
> Kipper put in cornflakes.
>
> Kipper put in tomato sauce.
>
> Kipper put in milk.
>
> This is kipper's cake.

ワークシート

次に、3人ひと組でグループを作り、相談しながら、自分たちの作りたいケーキを発表します。発表の時は、Kipperではなく、Iを主語にして発表します。以下のように、I put in の後に、入れたいものを挿入して文を作ります。1人が1文ずつ発表すればよいので、負担も軽くなります。最初と最後の文は、3人で一緒に発表します。

The Toys' Party

I wanted a cake.

I put in _____

I put in _____

I put in _____

This is my cake.

☆みんなでオリジナルのケーキを作ってみましょう。

*Toys' Party*を使った絵本指導は、3回の授業で以下の手順で完成させることができます。

▶ Step 1 （1校時）
- 絵本を見ながらCDを聞く。指示は、Listen to the CD.
- 「絵を見ながら、集中して英語が聞けたか」が、指導の留意点です。

▶ Step 2 （2校時）
> Kipper put in cornflakes.
> Kipper put in tomato sauce.
> Kipper put in milk.

最初はput inの後のcornflakes、tomato sauceなどの食べ物の名前を声に出して練習。少しずつ文単位で言えるようにしていきます。

▶ Step 3 （3校時）
> I wanted a cake.
> I put in ～.
> I put in ～.
> I put in ～.
> This is my cake.

～の部分に好きな食べ物を入れて、ケーキを完成させます。これをみんなの前で、発表します。これで、自分たちのストーリー・テリングが完成です。

ご紹介したような授業の流れを作り、ルーティンを守って3か月教えれば、教え方の手順はすっかりマスターできます。そして、少しずつ『英語ノート』のアクティビティを加えていけば、その小学校独自の教えやすいカリキュラムができると思います。

　『英語ノート』の指導案は、JTEや学生ボランティアには十分に読み込み、学習していただければと思います。そして、各小学校に合うようにカリキュラムを作る時の参考にしていただければと思います。

　それでは、これまで説明した点を指導案に入れてみましょう。参考にしてください。

【例：5年生　指導案】

1. 目標
① 世界の教科書に興味を持ち、教科や曜日の言い方を知ろう。
② 積極的に自分たちの作った夢の時間割を伝えよう。
③ 曜日の言い方を通して頭文字や発音に関心を持とう。

2. 使用するプログラム
『きょうから私も英語の先生』：♪The Days of the Week
『英語ノート1』：Lesson 8

3. 準備するもの
①『英語ノート1』52ページの拡大版と、拡大した絵カード

② *The Toys' Party* (Oxford Reading Tree)
③ *The Toys' Party* CD
④ *The Toys' Party* ワークシート

4. 活動のポイント

＜絵本のワークシート＞

音声と文字（単語）の関係に興味を持たせることが、ワークシートを使う目的です。単語の初めの大文字に気づいたり、文字が並ぶ形を見ることで、聴覚と視覚を使うインプットにもなります。

＜理想の時間割発表＞

発表の前には、前回練習したことでも必ず全体練習をします。発表者としての態度、聞く人のマナーも体験を通して身につけられるように指導します。人前に立つと恥ずかしさや早く終わりたいという気持ちから、早口になる傾向があります。名前も発表内容も聞く人にはっきり伝わるように言うことがコミュニケーションの第一歩です。どこを見て発表するか、アイコンタクトの大切さも指導します。グループで発表するときは、自分の番以外の時の立つ姿勢や、仲間が発表している間の態度も大切です。

5. 評価のポイント

① 夢の時間割を作り、大きな声で堂々と発表しようとしている。
② 絵本の表現に自分の考えを加えて言ってみる。

授業展開例（5年生）

＊英＝英語ノート、S(s)＝Student(s)

本時の流れ	学習内容 児童の主な活動	T1学級担任の役割	T2(ALT)	指導上の留意点 評価のポイント
挨拶 (1分)	元気に英語であいさつをする。	あいさつをする。 Hello, class.	Hello, class.	元気に挨拶できたか。
歌 (3分)	♪Sunday Monday 『英語ノート1』CD57を聞く。単語を指さしながらCDと一緒に歌う。応用は、たとえば、水曜日から歌い始める。 **The Days of the Week** Wednesday, Thursday, Friday, Saturday, Sunday, Sunday, Monday, Tuesday, Wednesday comes again.	Listen to the CD. Let's sing together.	Please stand up. Great! Let's sing from Wednesday.	曜日の歌を元気に歌えたか。
導入 (3分)	T1とT2が夢の時間割を話しているところを見せ、2人で曜日ごとに発表する。まずはモデルを見せる。	T2: This is our dream schedule. T1: On Monday I study ... and .... T2: On Tuesday I study ... and .... T1: On Wednesday I study ... and		集中して聞けたか。
活動1 (8分)	【グループ練習】 ・5人ずつのグループを作り、英p.55のワークシートをグループに1枚ずつ配布。 ・1人が1曜日を担当し、2教科ずつ好きな教科を入れる。最後に全員で一斉に発表する。	T2: Make groups of five. T1: Please make a circle. T2: Everybody, say, "This is our dream schedule." One, two! Ss: This is our dream schedule. T2: On Monday I study ... Ss: On Monday I study ..., etc.		自分の担当した曜日の時間割が言えたか。

4 章 小学校英語、これから

活動2 (22分)	【グループ発表】 発表の前にグループの5人が並び、1人ずつ名前を言う。 他の児童は全員で拍手をする。 発表が終わったら、全員で一斉にコメントを言う。 コメントに対してThank you.と言う。	T2: Which group goes first? Ss: Yes! T1: Good! Please come here. 　　（全員に拍手をさせる） T2: Please start. This is our ... 　　（と必要に応じて最初の言葉を補佐して促す） S1: This is our dream schedule. On Monday I study .... S2: On Tuesday I study .... S3: On Wednesday I study ..., など。 T2: Everybody, say, "That was wonderful!" Ss: That was wonderful! T1: Group 1, say, "Thank you." G1: Thank you. T2: Great! Which group goes next?		グループで協力して発表できたか。 友だちの発表をマナー良く、興味を持って聞けたか。
絵本 (6分)	・CDを聞く。 ・I put in ...を使って言い換え練習。 ・3人のグループを作り、5行のstory tellingを行う。 ・I put in .... の...の箇所に異なった食べ物を入れ、3種類の文を作る。 ・最後にThis is my cake. と独自のケーキを発表。	Listen to the CD. Let's practice with the CD.	I wanted a cake. I put in ... I put in ... I put in ... This is my cake.	絵本の中の表現に自分の考えを加えて、独自のケーキについて発表できたか。
挨拶 (1分)	振り返り	堂々と発表し、静かに発表を聞けましたか？		日本語で感想・自己評価をする。

161

【活動の展開例】

　前のページで紹介した授業展開は、小学校の進度、児童の状況を見ながら、3〜4回かけて展開していきます。それぞれの活動の展開例、応用例をご紹介しましょう。

1. 歌の活動
▶Step 1 （1校時）
　教室に張ってあるカレンダーを利用して、CDに合わせて、曜日を示しながら皆で歌う。曜日の言い方に慣れ、意味をつかむ。

▶Step 2 （2校時）
　歌詞のコピーを配り、単語を指さしながら歌う。スペルを覚える必要はないが、どれが日曜日で、どれが月曜日か、自然に慣れる。日常使われているカレンダーが読めて楽しくなる。

▶Step 3 （3校時）
　応用として、月曜日（Monday）や水曜日（Wednesday）から歌い始める。空中に指で、大文字のMやWを書いてみることもできる。

2. 導入の活動
　導入の会話を聞かせるときは、どんな場面で、誰と誰の会話か示すことが大切です。ここでは、違うクラスの友達が時間割

について話す設定です。教室に張ってある時間割の前で話すと、理解を助けます。ALTが簡単な英語を使って、あるいは、まずは担任が日本語で紹介してもOKです。自然な場面を設定、導入することが大切です。

▶ Step 1 （1校時）

担任「クラスの違う友達が、時間割の前で話しています」
担任（友達Aの役）：On Monday, I study Japanese and science. How about you?
ALT（友達Bの役）：On Monday, I study Japanese and music.
担任（友達Aの役）：Great! I like music very much.

▶ Step 2 （2校時）

1校時と同じ会話を聞かせますが、例えば、科目や曜日を変えることもできます。このStepごとのモデルが、各校時の目標表現になります。

▶ Step 3 （3校時）（授業展開例の例）

担任「今日は、先生とスミス先生の夢の時間割について話します」
T2: This is our dream schedule.
T1: On Monday I study music and P.E.
T2: On Tuesday I study science and music.
T1: On Wednesday I study Japanese and P.E.
T2: On Thursday I study English and arts and crafts.

> T1: On Friday I study music and P.E.
> (T2: Wow, you like P.E. very much!)

最後の表現は、目標表現ではありませんが、素直な感想が入ると、聞いていた児童もコミュニケーションが楽しめますね。

3. コミュニケーション活動

▶ **Step 1 （1校時）**

拡大した科目のカードを黒板に張り、科目の単語を導入します。ALTと一緒に声に出して練習したのち、3人からなるチームを作り、先生が言った科目に各代表がタッチするなどの、ゲームを導入することも可能です。

▶ **Step 2 （2校時）**

Step 1で導入したタッチゲームを行い、タッチするときに、I study Japanese.というように、文を言ってみる活動を導入することもできます。

▶ **Step 3 （3校時）**

5名ずつからなるグループを作り、モデルで示したように、月曜日から金曜日までの「夢の時間割」を作り、皆の前で発表します。1人が、1つの曜日を担当すればよいので、負担も少なくてすみます。

この後、英語絵本の読み聞かせ、読み語りの活動が続きます。これについては、pp.152-158を参照してください。

❀『英語ノート』が配布されなくなったら？

　ここにきて、平成23年度から『英語ノート』が各小学校に配布されなくなる方針が打ち出されています。しかし、この方針自体は、『英語ノート』が不適切というわけではなく、あくまでも無駄を省こうという意味です。既に各小学校に配布されたCDや指導資料は、そのまま使うことができます。また、Webからダウンロードすることも可能ですので、既にお話した通りのやりかたでお使いになればよいと思います。児童には１冊ずつ配布できなくなりますが、もともと英語が書かれているテキストではないので、児童への影響はほとんどないと思います。テキストのアクティビティに終始するよりも、あくまでも担任やALT、友達と積極的にコミュニケーションをすることが目的ですので、手元にテキストがなくても困ることはないでしょう。

　視覚的補助という意味では、絵カードを拡大したものを、黒板に張ってお使いいただきたいと思います。『英語ノート』のテキストに載っていた小さいカードを切り取って子どもたちが使うよりは、大きく拡大したものを共用した方が見やすく、教室全体の注意を向けることも容易にできると思います。

　さらに、プロジェクターがある小学校であれば、絵本の読み聞かせの部分で絵本のページを映しく、自然に文字（アルファベット）に触れさせることをお勧めします。英語は左から右へ読む、単語の間に切れ目が入る、文の初めは大きな文字で始まる、文の最後にはピリオドがある、ということが、自然に分かることは意義があります。こうしてアルファベットに慣れてお

けば、易しい単語は見ているだけでも覚えてしまうでしょう。中学校で本格的に英語を学習するときの手助けにもなります。フォニックスを特に導入、学習しなくても、こうして英語の自然に触れることで、児童は単語に馴染むことができます。

❁ 研修は役に立つ

　現在、小学校教員対象に全国で中核教員の育成研修が行われつつありますが、研修に参加された先生方は皆さん、研修は役立ったと話されています。2章のアンケート調査でも、小学校で英語を教えることの不安は、研修で一番解消されたという結果が出ています。夏休み、春休みなどを利用されて、各小学校には研修を開かれることをお勧めします。

　内容としては、3章で紹介したような、言葉の獲得、習得についての理論の紹介と、教室英語や歌、チャンツなどを利用した授業の進め方に役立つスキルアップの2本立てが有効だと思います。

　内容としては、3章で紹介したような、言葉の獲得、習得についての理論の紹介と、教室英語や歌、チャンツなどを利用した授業の進め方に役立つスキルアップの2本立てが有効だと思います。

　さらに、小学校の行事やイベントを利用して英語活動が推進できます。たとえば、運動会の歌やダンスに、英語を利用してはいかがでしょうか。保護者の皆様にも、英語活動の一端を理解していただけると思います。また、近隣の大学などの留学生に小学校に来てもらう、という行事も楽しいものです。子ども

たちはとても喜びますし、留学生も子どもたちと一緒に給食を食べることができるよい機会になるでしょう。習った英語表現を使って、生きたコミュニケーションが早速できます。

　近隣の大学や教育委員会との連携も大切です。地域が一団となって研修や研究授業を計画すれば、効果があがります。小中連携も必要です。まずは、中学校の先生方に、小学校の英語活動を参観していただく必要があります。小学校で行われている英語活動を知ることで、中学校の授業も変わっていくと思います。小中一貫の英語教育では、まず小学校では英語を聴覚から学ぶ、そして声に出して繰り返し表現してみる、というコンセプトでクラスの運営に当たっていただきたいと思います。

❁ 最後に

　最後のおさらいです。小学校の英語活動は、すべての教科にもかかわる言語教育です。そこで、次のような言語教育を目指したいと思います。

小学生の英語① 人間の教育として
▶子どもの持っている力を伸ばす言語教育・言語活動を目指す。
▶教え込まない教育。
▶気づかせる教育。
▶自発性を伸ばす言語教育。

小学生の英語② 言葉の教育として
▶子どものコミュニケーション力を引き出す指導。

▶人前で堂々と話す習慣をつける言語教育。
▶気持ちをこめて話す表現力をつける教育。
▶集中して聞き、推測する力・考える力＝思考力をつける教育。

　言葉は生きています。子どもたちも日々成長していきます。子どもの発達段階に合わせた言葉の力を伸ばす活動・教育を、ご一緒に考えていきたいと思います。

あとがき

本気度が増してきた小学校の現場

　私がこうして小学校で英語活動の現状とこれからあるべき姿をご紹介している間にも、これまで全く外国語活動に関心を向けていなかった小学校が、いよいよ平成23年度の必修化に向けて本気度を増してきました。研修の回数も増えてきました。担任の英語力について心配している先生方に、「先生方の発音についてはご心配なさらないでいいですよ。子どもたちは、CDのよい発音を真似しますので」と話すと、「そうか、心配いらないんだ。気が楽になった」と笑顔で答えていらっしゃいます。そして、できる限り自分たちも教室英語を覚えて、とにかく子どもたちとコミュニケーションが取れるようにがんばろう、と積極的になられてきました。

　4章のはじめにもお話しましたが、「3年間頑張ってください。必ず、外国語活動は軌道に乗ります！」と再度言わせてください。小学校の先生方は本気になれば、中学校の英語の先生にも負けないほどの演技力で、場面にあったコミュニケーションを英語で展開していくことができます。劇の発表力や教員力があるのですから、その力を生かして、英語による楽しいコミュニケーション活動に子どもたちを導いていただきたいと思います。

ひと山超えて出てくる不安や問題点

しかし一方で、英語活動が少し軌道に乗り始めた頃に起きてくる再度の不安や問題点があることも事実です。

再度おさらいしましょう。

Q1　授業中に、教員は日本語を使ってもいいですか？

A1　文法の説明をしないように、担任も英語を使って答えることで子どもたちもコミュニケーションをしている喜びを感じるように、という趣旨で英語をできるだけ使って授業をするように勧めていますが、もちろん、日本語を使ってもよいのです。ゲームの説明を分かりにくい英語で長々するよりは、一言の日本語で済みます。子どもたちが元気が出るように、「声が小さくなってきたよ」と、声がけをすることも大切だと思います。担任の先生方も、いつもの授業のノリが生かせると思います。

Q2　子どもが"のらない"ときは、どうしたらよいですか？

A2　子どもがのらないときは、教員ものっていないことが多いものです。また、静かに解説したり、英語を聞かせてばかりいる活動は、小学生には不向きです。ぜひ体を使うような、元気な活動を取り入れてください。Where is the station?　という『英語ノート2』に出てくるチャンツをCDで聞いて声に出したのち、今度はその場に立って元気よく手を振りながら、2拍子のマーチを始めます。担任はかけ声をかけます。「＊＊」の印は、手を振って足踏みをし

ている時間です。Go straight. ＊＊ Go straight. ＊＊ Turn right. ＊＊ Turn left. ＊＊ さあ、子どもたちは今、どの方向を向いていますか？ こんな元気な活動から授業を始めれば、子どもたちはノリノリで楽しい英語のクラスがスタートするはずです。担任や保護者が楽しいと思う活動が、子どもの楽しめる活動です。

Q3　ALT主導の英語活動でもよいですか？
A3　いいえ、ぜひ担任が主体的に参加してください。ALTに授業を任せきってはいけません。ALTと担任が、2人でモデルを演じるところから始めてみましょう。発音など、気にすることはないのです。英語でコミュニケーションをしてみる！ という態度が大切です。これを、子どもたちが見ています。

　というように、疑問や不安は湧いてきますが、近隣の大学や中学校からJTEをお招きして、相談にのっていただき、研修を定期的に行い、不安を解消しながら少しずつ進めていきましょう。完全を求めては、何事もスタートしません。やっているうちに、少しずつ会得していきます。

最後に

　英語活動は、「言葉の活動」です。「言葉の教育」は完全を求めない、教え込まないことを、いつでも心に留めてください。

児童英語も近年盛んですが、何時間もDVDを1人で見せるようなことをさせてはいけません。コミュニケーションの力は、双方向で養われるものです。相手に気持ちを伝えたい、相手の気持ちを理解してあげる、知識や情報のみならず、情感を通わせることが大切なのです。間違えることや下手なことを恐れず、楽しく話す姿勢、堂々と人前で話す姿勢を身につけさせてください。これが、言葉の教育では最も大切なことだと思います。

　皆さんがこの本を読んでさらに質問したいこと、疑問に思ったことを、どんどん出版社にお寄せください。それにお答えする機会を、必ず再度持ちたいと思います。皆さんと児童英語教育、小学校英語活動をご一緒に考え、発展させていきたいと思います。日本の児童や生徒が、楽しく英語を学び、将来は堂々と自分の考えを日本語でも英語でも伝えられるような、人の話を積極的に親身に聞けるような、そんな青少年に育ってほしいと願っています。皆さんと共に、そんなコミュニケーションの力のある子どもたちに育てていくお手伝いができることを祈っています。

参考文献

石井健一郎『「情報」を学びなおす』NTT出版、2007

佐藤久美子・松香洋子『きょうから私も英語の先生！ 小学校英語指導法ガイドブック』玉川大学出版部、2008.

松香洋子『英会話たいそう』松香フォニックス研究所、2000

吉田研作（編集）『21年度から取り組む小学校英語』教育開発研究所、2008

Snow, C.E. The development of conversation between mothers and babies. *The Journal of Child Language*, 4：1-22, 1977

Snow, C.E. The uses of imitation, *The Journal of Child Language*, 8：205-212, 1981

Gopnik, A., A. Meltzoff, P. Kuhl, *How Babies Think：The Science of Childhood*, Phoenix, 1999

Benesse 教育研究開発センター（編）『第1回小学校英語に関する基本調査（教員調査）報告書』研究所報VOL.41, 2007

Benesse 教育研究開発センター（編）『第1回小学校英語に関する基本調査（保護者調査）報告書』研究所報VOL.42, 2007

Benesse 教育研究開発センター（編）『東アジア高校英語教育GTEC調査2006』速報版、2007

Benesse 教育研究開発センター（編）『第1回中学校英語に関する基本調査[生徒調査]』速報版、2009

Benesse 教育研究開発センター（編）『第1回中学校英語に関する基本調査[教員調査]』速報版、2009

文部科学省『小学校学習指導要領解説 外国語活動編』2008

佐藤 久美子(さとう くみこ)

津田塾大学学芸学部英文科卒業、津田塾大学大学院博士課程修了。言語心理学、英語教育専攻。
現在、玉川大学教授・リベラルアーツ学部学部長。
子どもの音声言語獲得や言語発達の過程、母子相互作用の影響などの研究に取り組み、またその科学的なデータに基づく小学生から社会人までの英語活動及び英語教育の指導法・教材開発を推進。
1998年から4年間、NHKラジオ『基礎英語3』の講師を勤め、近年は町田市や稲城市の教育委員会から委託を受け、カリキュラムや教材作成を行い、教員対象の小学校英語活動トレーニング講座を多数開講。
『カリフォルニア留学物語』(日本放送出版協会)、『上手な英語の伸ばし方』(ライオン社)、『「小学校英語」指導法ハンドブック』(監訳、玉川大学出版部)、『今日から私も英語の先生！ 小学校英語指導法ガイドブック』(共著、玉川大学出版部)、『話したいから、英文法！』(朝日出版社)など、著書多数。
2008年より小学校英語指導者認定協議会理事。

こうすれば教えられる 小学生の英語

2010年5月31日　初版第1刷発行

著　者	佐藤久美子
発行者	原　雅久
発行所	株式会社朝日出版社
	〒101-0065　東京都千代田区西神田3-3-5
	TEL　(03)3263-3321(代表)
	FAX　(03)5226-0599
	URL　http://www.asahipress.com/(PC)
	http://asahipress.jp/(携帯)

カバーデザイン	島田　隆
本文組版	メディアアート
印刷製本	赤城印刷株式会社

©Kumiko Sato, 2010
ISBN978-4-255-00529-4 C3082　Printed in Japan

知力も伸びる 英語脳の育て方 CD付き

3歳で英検5級に合格できた！

中村かず子＝著

バイリンガル子育ての真髄がここに！
英検の最年少合格者輩出のＳ＆Ｓメソッドを、
ご家庭で実践できるようにわかりやすく紹介。
お子さんの潜在能力がぐんぐん伸びる。

［内容］
第1章◎英語のできる子に育てたい！
第2章◎読めて、書ける、バイリンガル子育て
第3章◎成長する英語の基礎を学ぶ
第4章◎幼児からの英検対策

定価1,575円（税込）

ドリル式 アメリカの小学校教科書で英語力をきたえる

ジェニファー・キャントウェル＝著

小学生の常識問題265問に英語で挑戦！
アメリカの小学生が学ぶ、英語・算数・理科・社会の問題を
ドリル形式で楽しみながら、本物の英語力を身に付ける。
英語の問題＝左頁、解答と解説＝右頁の見開きページ構成なので読みやすい。
種々の資格試験や留学の準備として、またリーディングの訓練にも最適。

定価1,365円（税込）

［内容］
1. 英語　味覚を表す言葉／同じ綴りでも違う意味／感情を表す言葉　ほか
2. 理科　いろいろな生き物／宇宙のふしぎ／電気の性質／生き物の世界　ほか
3. 算数　お金を数える／時間が言えますか？／余りの出る割り算／分数の計算　ほか
4. 社会　地球について／アメリカの州／歴史をさかのぼる／文明の起こり　ほか

朝日出版社　〒101-0065　東京都千代田区西神田3-3-5　TEL 03-3263-3321